フローチャートとことばの翻訳 ………………… 3
作文のポイント　問題の解答 ………………… 19
この教材をお使いになる先生方へ ………………… 22
教師用マニュアル ………………………………… 25

フローチャートとことばの翻訳

ユニット1　自己紹介

フローチャート

初めまして。わたしは〜です。	初めまして。わたしは〜です。	初めまして。わたしは〜です。
↓	↓	↓
(Your country, the day you came to Japan, your job, etc.)	（有关自己的国家、来日本的日子、工作等等）	(나라, 일본에 온 날, 일 등에 대해서)
↓	↓	↓
どうぞよろしくお願いします。	どうぞよろしくお願いします。	どうぞよろしくお願いします。

ことば

自己紹介　じこしょうかい	self-introduction	自我介绍	자기소개
NKC	〈fictitious company〉	〈虚构的公司〉	〈가공의 회사 이름〉
トニー電気　トニーでんき	〈fictitious company〉	〈虚构的公司〉	〈가공의 회사 이름〉
マニラ	Manila	马尼拉	마닐라
仕事　しごと（8課）	job	职业	일
店員　てんいん	shop assistant	售货员	점원
公務員　こうむいん	civil servant	公务员	공무원
主婦　しゅふ	housewife	家庭主妇	주부
絵　え（9課）	picture	画	그림

ユニット2　わたしの部屋

フローチャート

わたしの部屋は〜にあります。	わたしの部屋は〜にあります。	わたしの部屋は〜にあります。
↓	↓	↓
わたしの部屋に(object 1)や(object 2)があります。 (More details about object 1) (More details about object 2)	わたしの部屋に（物1）や（物2）があります。 （关于物1的具体说明） （关于物2的具体说明）	わたしの部屋に（물건1）や（물건2）があります。 （물건1에 대한 구체적인 설명） （물건2에 대한 구체적인 설명）
↓	↓	↓
(General comment about your room)	（关于房间的感想）	（방에 대한 코멘트）

ことば

アパート (22課)	apartment	公寓	아파트
横 よこ (26課)	side	旁边	옆
本棚 ほんだな (27課)	bookshelf	书架	책꽂이
それから (11課)	and, furthermore	另外	그리고나서
明るい あかるい (16課)	bright, light	明亮	밝다
暗い くらい (16課)	dark	昏暗	어둡다
汚い きたない (39課)	dirty	不整洁	더럽다
広い ひろい (13課)	wide, spacious	宽敞	넓다
狭い せまい (13課)	narrow, small	狭窄	좁다

ユニット3　わたしの国・町

フローチャート

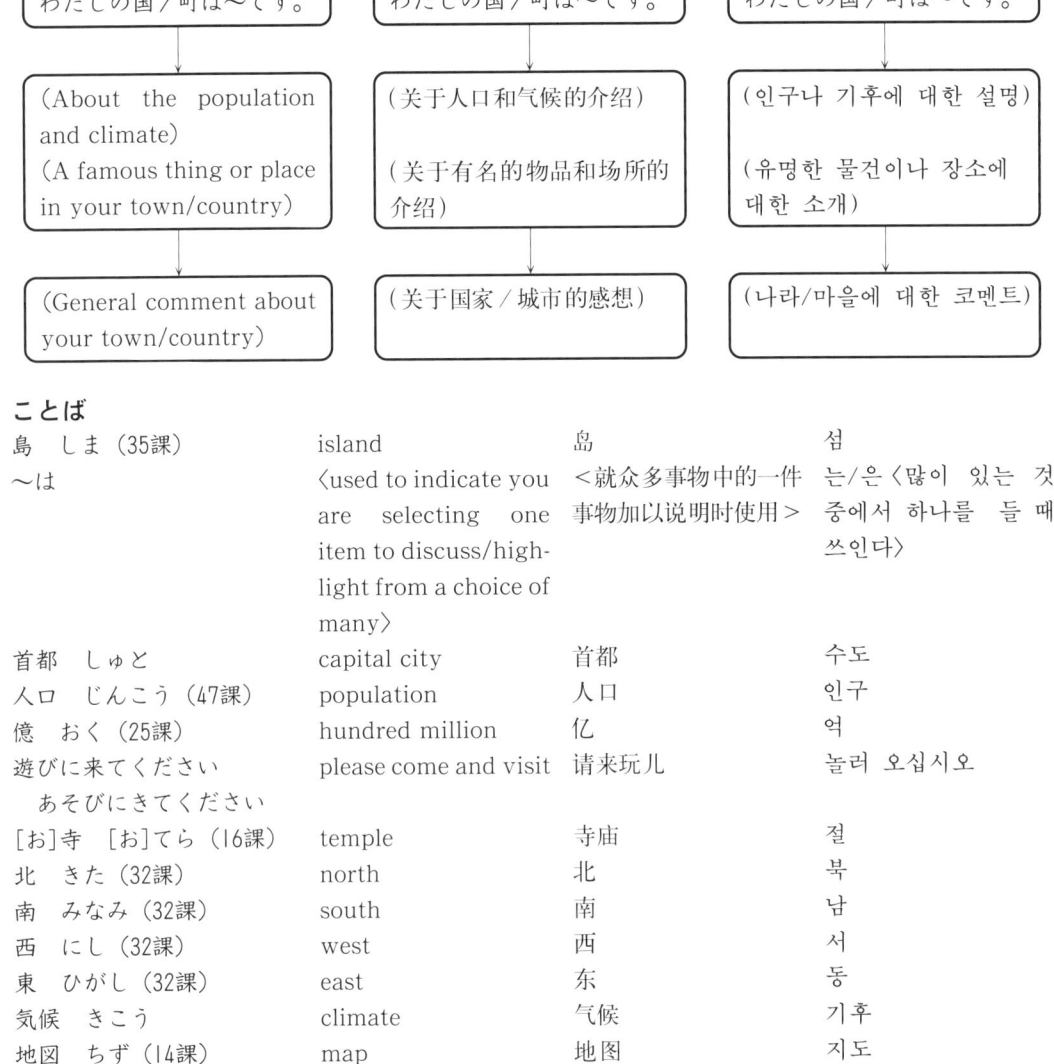

ことば

島 しま (35課)	island	岛	섬
〜は	〈used to indicate you are selecting one item to discuss/highlight from a choice of many〉	〈就众多事物中的一件事物加以说明时使用〉	는/은 〈많이 있는 것 중에서 하나를 들 때 쓰인다〉
首都 しゅと	capital city	首都	수도
人口 じんこう (47課)	population	人口	인구
億 おく (25課)	hundred million	亿	억
遊びに来てください あそびにきてください	please come and visit	请来玩儿	놀러 오십시오
[お]寺 [お]てら (16課)	temple	寺庙	절
北 きた (32課)	north	北	북
南 みなみ (32課)	south	南	남
西 にし (32課)	west	西	서
東 ひがし (32課)	east	东	동
気候 きこう	climate	气候	기후
地図 ちず (14課)	map	地图	지도

ユニット4　わたしの家族

フローチャート

わたしの家族は〜人です。〜と〜がいます。	わたしの家族は〜人です。〜と〜がいます。	わたしの家族は〜人です。〜と〜がいます。
(Introduce individual members of your family.) 父は〜 母は〜	(每个家庭成员的介绍) 父は〜 母は〜	(가족 한사람 한사람을 소개) 父は〜 母は〜
(General comment about your family) わたしの家族は、〜	(对家庭总的看法) わたしの家族は、〜	(가족에 대한 전체적인 코멘트) わたしの家族は、〜

ことば

休みの日　やすみのひ（19課）	day off	休息的日子	쉬는 날
よく（22課）	often	经常	자주, 잘
毎年　まいとし（36課）	every year	每年	매년
楽しみにしています　たのしみにしています（45課）	be looking forward to	盼望着	고대하고 있습니다
主婦　しゅふ	housewife	家庭主妇	주부
祖母　そぼ（41課）	grandfather	祖母	(자신의) 할아버지
祖父　そふ（41課）	grandmother	祖父	(자신의) 할머니
祖父母　そふぼ	grandparents	祖父母	조부모
娘　むすめ（28課）	daughter	女儿	딸
息子　むすこ（28課）	son	儿子	아들

ユニット5　週末

フローチャート

(What you did at the weekend) わたしは〜ました。	(周末主要进行的活动) わたしは〜ました。	(주말에 주로 한 일에 대해서) わたしは〜ました。
(What you did at the weekend in more detail) (Detail 1)→(Comment on this) (Detail 2)→(Comment on this)	(关于周末活动的详细介绍) (具体内容1) →（就此进行的说明） (具体内容2) →（就此进行的说明）	(주말에 한 일을 자세히 설명) (구체적인 내용-1)→(그에 대한 코멘트) (구체적인 내용 2)→(그에 대한 코멘트)

| (General comment about the weekend) | (关于周末的感想) | (주말에 대한 전체적인 코멘트) |

ことば

ホームステイ（28課）	home stay	外国人短期住在当地人家里体验生活	홈스테이
お子さん　おこさん（30課）	(someone else's) child	（别人的）孩子	자녀분
ゲーム	game	游戏	게임
そこ	that 〈refers to a word or topic previously mentioned. それ, その and そこ, not あれ, あの and あそこ, should be used in this situation, regardless of the spatial relationship.〉	那儿〈用指前面文章出现的用语或内容时，不论距离远近，均使用「それ、その、そこ」而不使用「あれ、あの、あそこ」〉	거기〈문장 속에서 앞에 나온 말이나 내용을 가리켜 말할 때, 거리에 관계없이「あれ、あの、あそこ」가 아닌,「それ、その、そこ」를 쓴다.〉
聞きます　ききます（23課）	ask	问	묻습니다
場所　ばしょ（26課）	place	场所	장소
記念　きねん	commemoration	纪念	기념

ユニット6　はがき

フローチャート

お元気ですか。	お元気ですか。	お元気ですか。
(What you have been doing/Things to be done)	(最近的情况／事情)	(최근의 상태에 대해서/용건)
さようなら。	さようなら。	さようなら。

ことば

旅先　たびさき	travel destination	旅途中	여행지
それでは	well	那么	그럼
〜にて	in, at 〈means "in (place name)"; an expression used when sending cards or letters from a travel destination.〉	于～〈「于（场所）」的意思。从旅途中发信的使用〉	〜에서〈여행지에서 편지를 보낼 경우의 표현〉
お礼状　おれいじょう	letter of thanks	感谢信	감사의 편지

様　さま	Mr., Ms.	称呼对方时，加在姓名后面使用	님
ホームステイ（28課）	homestay	外国人短期住在当地人家里体验生活	홈스테이
気をつけます　きをつけます（23課）	take care	保重	주의합니다
近況報告　きんきょうほうこく	reporting how you are	近况汇报	근황보고
四国　しこく	Shikoku	四国	시코쿠
キャンプ（45課）	camp	野营	캠프
今度　こんど（26課）	next time, another time	这次	다음에
連絡　れんらく（26課）	contact	联系	연락
形式　けいしき	form, model	形式	형식
表現　ひょうげん	expression	表现	표현
あて名　あてな	address	收件人姓名	수신인명
御中　おんちゅう	Messr. 〜〈suffix attached to the names of companies, organizations, etc.〉	收〈收信人是机关团体时〉	귀중〈개인이 아닌 조직이나 단체명 뒤에 붙인다〉
〜様方　〜さまかた	c/o Mr./Mrs. 〜	转〈写在寄宿房东的姓名后面〉	〜씨방〈하숙집의 가족 이름 뒤에 붙인다〉
〜行　〜いき	for 〜〈suffix attached to your own name when expecting a reply〉	收〈写在回信用信封上自己姓名的后面〉	〜행〈반신용의 경우 자기 이름 뒤에 붙인다〉
縦書き　たてがき	vertical writing	竖写	세로쓰기
追伸　ついしん	postscript	又及	추신
〜を別便で送ります　〜をべつびんでおくります	send 〜 by separate mail	〜另邮寄上	〜를 별편으로 보냅니다
〜を同封します　〜をどうふうします	enclose 〜	〜随信寄上	〜를 동봉합니다

ユニット7　プレゼント
フローチャート

(About a present that is really special to you) 〜に〜があります。／わたしの大切なプレゼントは〜です。	(关于最珍惜的礼物) 〜に〜があります。／わたしの大切なプレゼントは〜です。	(마음에 남는 선물에 대해서) 〜に〜があります。／わたしの大切なプレゼントは〜です。
↓	↓	↓
(About the day you received the present)	(关于收到礼物的日子)	(선물을 받은 날에 대해서)

| (What you still think about that present) | (現在，每当看到那件礼物时所想起的) | (그 선물에 대해서 지금 느끼는 것) |

ことば

かわいい（41課）	lovely, cute	可爱	귀엽다
オルゴール	music box	八音盒	오르골
それ	that 〈See page 28.〉	那、那个〈参照28页〉	그것〈28쪽 참조〉
〜たち	〈suffix attached to nouns indicating people and animals to denote the plural〉	们〈人的复数形式〉	〜들〈사람을 나타내는 말의 뒤에 붙여서 복수를 나타낸다〉
びっくりします（39課）	be surprised when 〜 〈used in the pattern "〜と、〜た (past tense)" to indicate that when an action occured a non-controllable situation or state resulted〉	吃惊	깜짝 놀랍니다
〜と、〜た		一……（就）…。〈用于前面的动作刚一结束，就发现了后面的状况。这时，形式的「〜と、〜た（过去式）」〉	〜と、〜た〈앞의 동작이 이루어 지고나서, 다음 상황을 발견했을 때 쓰인다. 그런 경우 「〜と、〜た（과거）」이 된다〉
わあ（43課）	wow	哇	와아
うれしい（39課）	glad, happy	高兴	기쁘다
優しい やさしい（28課）	gentle, kind	温和（的）	상냥하다, 다정하다
過去形 かこけい	past tense	过去形	과거
大切に たいせつに	carefully	贵重	소중히

ユニット8　旅行

フローチャート

| 〜へ行きました。 | 〜へ行きました。 | 〜へ行きました。 |

| (Description of places you visited)
まず〜へ行きました。
次に〜へ行きました。
それから〜へ行きました。 | (对所去的地方按顺序进行说明)
まず〜へ行きました。
次に〜へ行きました。
それから〜へ行きました。 | (간 곳에 대해서 순서대로 설명)
まず〜へ行きました。
次に〜へ行きました。
それから〜へ行きました。 |

| (General comment on the holiday) | (关于旅行的总的感想) | (여행에 대한 전체적인 코멘트) |

ことば

そこ	there 〈See page 28.〉	那里〈参照28页〉	거기〈28쪽 참조〉
港　みなと（35課）	port, harbor	港口	항구

ハーバーランド	Harbor Land	港湾乐园	허버랜드
引き出します　ひきだします	withdraw (money)	提取 (取钱的意思)	찾습니다(돈을)
載せます　のせます（34課）	place on	放上	얹습니다
今回　こんかい	this time	这次	이번

ユニット9　もしわたしが2人（ふたり）いたら

フローチャート

もし〜たら、いろいろなことができる／いろいろなことをしたいと思（おも）います。	もし〜たら、いろいろなことができる／いろいろなことをしたいと思（おも）います。	もし〜たら、いろいろなことができる／いろいろなことをしたいと思（おも）います。
↓	↓	↓
(A detailed example of what you would want to do/could do) 例（たと）えば〜 また〜 それから〜	（能做的事情的具体例子／想做的事情） 例（たと）えば〜 また〜 それから〜	（할 수 있는 것/하고 싶은 것의 구체적인 예） 例（たと）えば〜 また〜 それから〜
↓	↓	↓
(General comment)	（总的感想）	（전체적인 코멘트）

ことば

例えば　たとえば	for example	比如	예를 들면
デート（37課）	date	约会	데이트
〜の代わりに　〜のかわりに	instead of	代替	대신에
また	and, moreover	而且	또
[試合に] 出ます　[しあいに] でます（36課）	take part [in a game]	参加 [比赛]	[시합에] 나갑니다

ユニット10　趣味（しゅみ）

フローチャート

(Your hobby / Things you like)	（我的兴趣／爱好）	（나의 취미/좋아하는 것）
↓	↓	↓
(A day connected with your hobby)	（和爱好有关的一件事儿）	（취미에 관계되는 어느 날의 일에 대해서）
↓	↓	↓
(General comment on hobbies)	（关于爱好的总的感想）	（취미에 대한 전체적인 코멘트）

ことば

ギター	guitar	吉他	기타
大学生　だいがくせい	university student	大学生	대학생
演奏　えんそう	(musical) performance	演奏	연주
〜に感動します　〜にかんどうします	be impressed by 〜, be moved by 〜	感动	〜에 감동합니다
ある〜（42課）	one 〜, a certain 〜	某〜	어느〜
水泳　すいえい（36課）	swimming	游泳	수영
できごと	occurrence, happening	（发生的）事情	일, 사건

ユニット11　楽しい1日

フローチャート

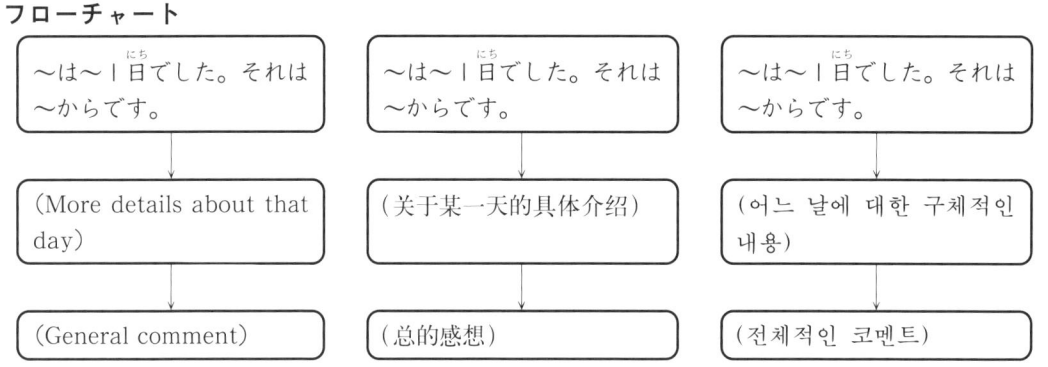

ことば

それは〜からです。	It's because 〜〈used to give the result first and then the reason. An inverted usage, with the standard pattern of "S1 (reason) から, S2" becoming "S2. それはS1からです."〉	那是因为〜。＜先叙述事情，再说理由时使用。即将「因为文1（理由）、所以文2」的形式以「文2。那是因为文1。」的形式表现。＞	그것은 〜이기 때문입니다.〈먼저 사항을 말하고, 그것을 받아 이유를 말할때 쓴다. 도치용법.「문1(이유)から문2」의 형태가「문2. それは문1(보통형)からです.」의 형태가 된다.〉
うれしい（39課）	glad, happy	高兴	기쁘다
着替えます　きがえます	change one's clothes	换衣服	갈아입습니다
滑ります　すべります	ski, slide	滑	미끄러집니다, 탑니다
リフト	lift	升降机	리프트
転びます　ころびます	fall, tumble	摔倒	넘어집니다
普通形　ふつうけい	plain form	普通形	보통형
嫌[な]　いや[な]（48課）	horrible, disagreeable	讨厌	싫다
詳しく　くわしく	in detail, fully	详细	자세히
安全[な]　あんぜん[な]（44課）	safe	安全（的）	안전하다

ユニット12　日本でびっくりしたこと

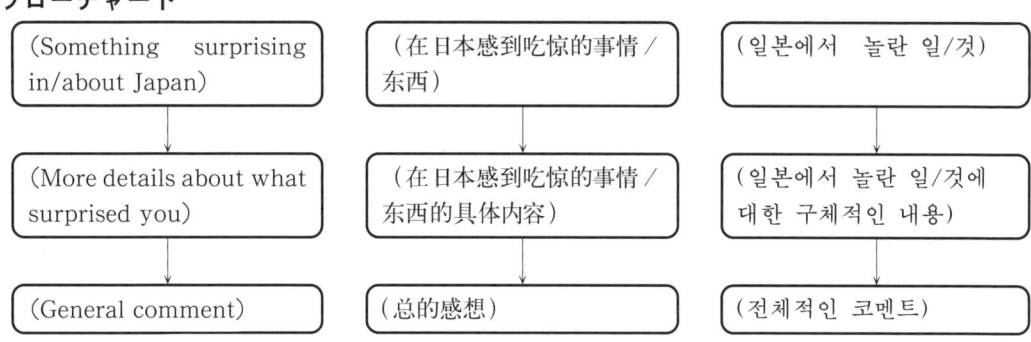

ことば

〜が、	⟨particle used to indicate an introductory remark before the main explanation⟩	连词＜为叙述后面的句子，而放在前面的句子后面使用＞	〜는데,〈나중 문장을 말하기 위한 전제로서 쓰인다.〉
酔っ払います　よっぱらいます	be drunk, get drunk	喝醉了	술취합니다
飲みすぎます　のみすぎます（44課）	drink too much	喝多了	과음합니다
〜に迷惑をかけます　〜にめいわくをかけます	annoy, be a nuisance to	给〜添麻烦	〜에 폐를 끼칩니다
詳しく　くわしく	in detail, fully	詳細	자세히
感想　かんそう	impression, thoughts	感想	감상

ユニット13　わたしの夢

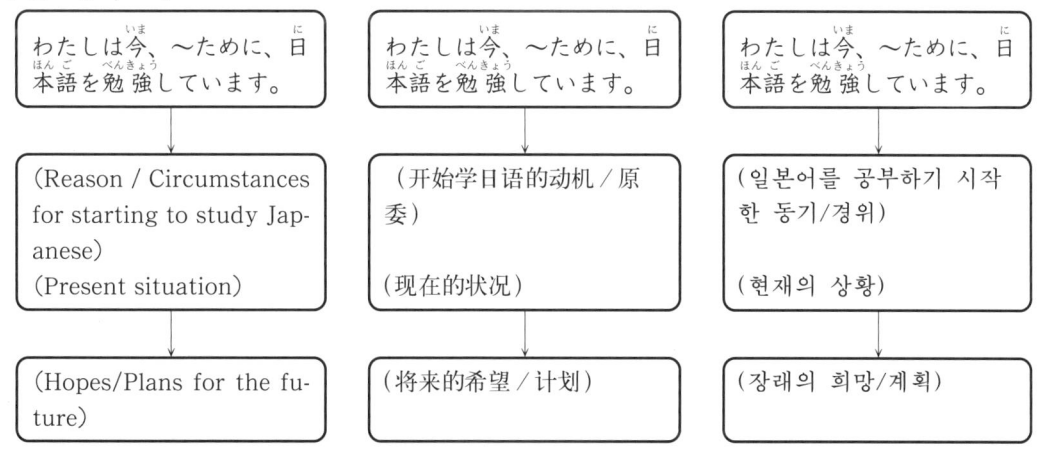

ことば

アニメ	animation	动画片	애니메이션

専門学校 せんもんがっこう	college, vocational school	专科学校	전문학교
その	there 〈See page 28.〉	那〈参照28页〉	그〈28쪽 참조〉
お金を貯めます おかねをためます	save money	存钱	돈을 저축합니다
〜のです	The reason is 〜〈written form of 「〜んです」; used to indicate reasons or explanations〉	是〜的〈「〜んです」（普通形）的书面形式。在这里用于叙述理由、动机等〉	〜인 것입니다〈「〜んです」의 문어체. 여기에서는 이유나 동기를 말할 때 쓴다〉
普通形 ふつうけい	plain form	普通形	보통형
興味を持ちます きょうみをもちます	be interested in	有兴趣	흥미를 갖습니다
計画 けいかく	plan	计划	계획

ユニット14　隣の人にひとこと

フローチャート

(The connection between you and the person you want to say something to)

↓

(What happened on that day / The reason you want to say something)

↓

(Opinion)
〜てほしいと思います。／
〜ないでほしいと思います。

(我和想向他进一言的人的关系)

↓

(某一天发生的事情／想向他进一言的理由)

↓

(意见)
〜てほしいと思います。／
〜ないでほしいと思います。

(나와 한마디 하고 싶은 사람과의 관계)

↓

(어느 날의 일에 대해서／그 사람에게 한마디 하고 싶은 이유)

↓

(의견)
〜てほしいと思います。／
〜ないでほしいと思います。

ことば

ひとこと	one thing you want to say	一言	한마디
〜と〜た	〈See page 40.〉	〈参照40页〉	〈40쪽 참조〉
目が覚めます めがさめます	wake up	醒了	잠이 깹니다
夜中 よなか	middle of the night	半夜	한밤중
迷惑 めいわく	trouble, annoyance	添麻烦	폐

～てほしい	want (someone) to do ～ 〈used when asking someone to do something. The negative form is "～ないでほしい."〉	希望〈用于向他人提出行为要求时。「ないでほしい」为其否定形，即"希望不要～"之意。〉	～해 주었으면 좋겠다〈남에 대해 행위를 요구할 때 쓴다. 부정형은「～ないでほしい」이다.〉
できごと	occurrence, happening	（发生的）事情	일, 사건
行動　こうどう	action, behavior	行动	행동

ユニット15　手紙

フローチャート

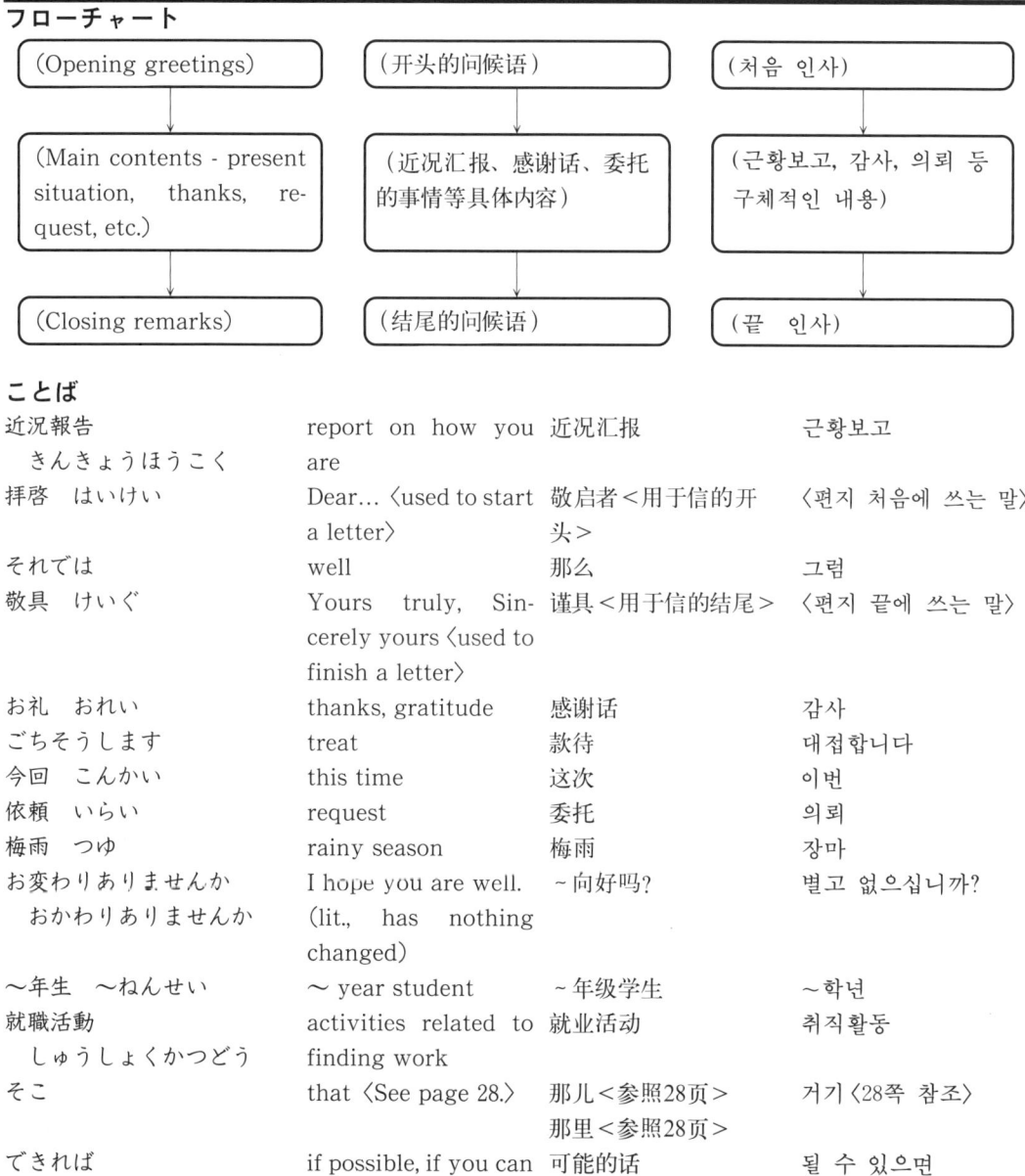

ことば

近況報告　きんきょうほうこく	report on how you are	近况汇报	근황보고
拝啓　はいけい	Dear... 〈used to start a letter〉	敬启者〈用于信的开头〉	〈편지 처음에 쓰는 말〉
それでは	well	那么	그럼
敬具　けいぐ	Yours truly, Sincerely yours 〈used to finish a letter〉	谨具〈用于信的结尾〉	〈편지 끝에 쓰는 말〉
お礼　おれい	thanks, gratitude	感谢话	감사
ごちそうします	treat	款待	대접합니다
今回　こんかい	this time	这次	이번
依頼　いらい	request	委托	의뢰
梅雨　つゆ	rainy season	梅雨	장마
お変わりありませんか　おかわりありませんか	I hope you are well. (lit., has nothing changed)	～向好吗？	별고 없으십니까?
～年生　～ねんせい	～ year student	～年级学生	～학년
就職活動　しゅうしょくかつどう	activities related to finding work	就业活动	취직활동
そこ	that 〈See page 28.〉	那儿〈参照28页〉 那里〈参照28页〉	거기〈28쪽 참조〉
できれば	if possible, if you can	可能的话	될 수 있으면
お元気で　おげんきで	Please keep well.	请多保重	몸 건강히

形式　けいしき	form, model	形式	형식
表現　ひょうげん	expression	表現	표현
コメント	comment	感想	코멘트
現在　げんざい	now, the present time	現在	현재
お便りします　おたよりします	write (a letter), communicate (with)	写信	편지하겠습니다
あいさつ状　あいさつじょう	greeting card	问候信、贺信	인사장
年賀状　ねんがじょう	New Year's card	贺年片	연하장
平成　へいせい	Heisei 〈name of Japanese era〉	平成〈日本的年号〉	헤이세이〈일본의 연호〉
元旦　がんたん	New Year's day	元旦	설날
暑中見舞い　しょちゅうみまい	summer greeting card	暑期问候	여름 문안편지

ユニット16　ごみ：国との比較(1)

フローチャート

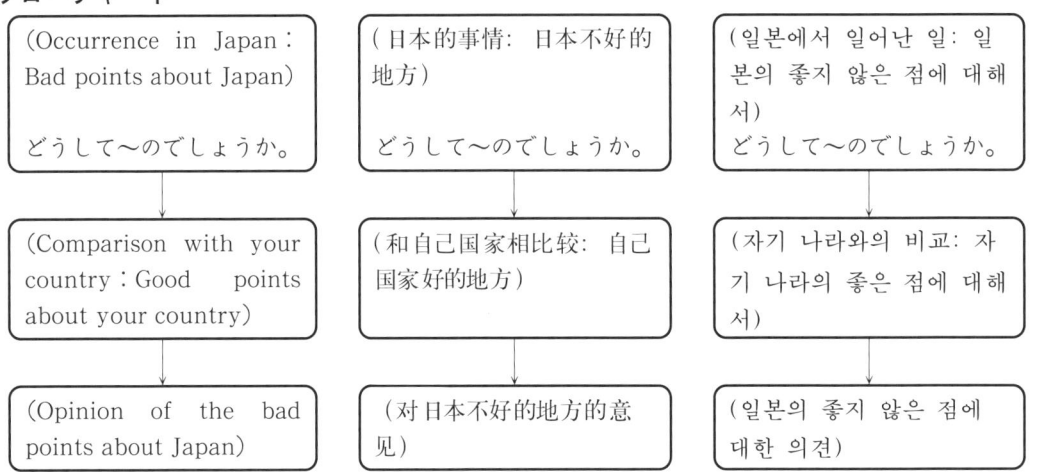

ことば

比較　ひかく	comparison	比较	비교
どうして～のでしょうか	Why ～？〈used to express feelings of doubt or incomprehension over the reasons why something happens. In this usage, "～のでしょうか" is used instead of "～のですか"〉	为什么～呢？〈对那件事情的发生以及做那件事情的理由、原因抱有疑问时使用不是「～のですか」而是「～のでしょうか」〉	왜　～일까요?〈그 일이 일어나는, 또는 그 일을 하는 이유나 원인에 대해 의문을 갖는 마음을 나타낼 때 쓴다.「～のですか」가 아니라,「～のでしょうか」가 된다.〉
中古　ちゅうこ	secondhand article	半旧	중고
今でも　いまでも	even now	现在也～	지금도
どんどん	rapidly, steadily	接连不断	점점

譲ります　ゆずります	give, offer	转让	양보합니다
お年寄り　おとしより	old person	老人	노인
小学生　しょうがくせい	elementary school pupil	小学生	소학생
大人　おとな	adult	大人	어른
点　てん	point	地方（方面）	점
できごと	occurrence, happening	事情	사건, 일

ユニット17　交通：国との比較(2)

フローチャート

(Occurrence in Japan: Good points about Japan) わたしは日本の～は非常に～と思います。	（日本的事情：日本好的地方） わたしは日本の～は非常に～と思います。	（일본에서 일어난 일: 일본의 좋은 점에 대해서） わたしは日本の～は非常に～と思います。
↓	↓	↓
(Comparison with your country: Bad points about your country)	（和自己国家相比较：自己国家不好的地方）	（자기 나라와의 비교: 자기 나라의 좋지 않은 점에 대해서）
↓	↓	↓
(Opinion of the bad points about your country)	（对自己国家不好的地方的意见）	（자기 나라의 좋지 않은 점에 대한 의견）

ことば

比較　ひかく	comparison	比较	비교
自動券売機　じどうけんばいき	automatic ticket machine	自动售票机	자동권매기
時間通りに　じかんどおりに	at the time expected	准时	시간대로
非常に　ひじょうに	very	非常	매우
～のように	like ～, as ～	像～那样	～처럼
～てほしい	want (someone) to do ～	希望	～해 주었으면 좋겠다
並べ替えます　ならべかえます	line up	重新排列	다시 배열합니다
店員　てんいん	shop assistant	售货员	점원
コンビニエンスストア	convenience store	便民商店	편의점
点　てん	point	地方（方面）	점
できごと	occurrence, happening	（发生的）事情	사건, 일

ユニット18 携帯電話（けいたいでんわ） 必要（ひつよう）？ 不必要（ふひつよう）？

フローチャート

(Statement of fact)	(事例)	(사실)
最近、〜が増えています。わたしはそれはいいこと／よくないことだと思います。	最近、〜が増えています。わたしはそれはいいこと／よくないことだと思います。	最近、〜が増えています。わたしはそれはいいこと／よくないことだと思います。

↓

なぜなら、〜からです。(Why you think this is good/bad)	なぜなら、〜からです。(詳細説明認为好／不好的理由)	なぜなら、〜からです。(좋다／좋지 않다고 생각하는 이유를 자세히 설명)

↓

(Opinion) ですから、〜は必要／不必要だと思います。	(意見) ですから、〜は必要／不必要だと思います。	(의견) ですから、〜は必要／不必要だと思います。

ことば

語	English	中文	한국어
不必要　ふひつよう	unnecessary	不需要	불필요
なぜなら	The reason is 〜. 〈placed at the beginning of a sentence when explaining the reason for something. Frequently used in the pattern "なぜなら〜（plain form）からです"〉	其理由是〜＜用于说明前面叙述的事情的理由。多使用「なぜなら〜（普通形）からです」的形式＞	왜냐하면〈전에 말한 것에 대해 이유를 설명할 때 쓰인다. 「なぜなら〜（보통형）からです」의 형태로 쓰일 때가 많다.〉
例えば　たとえば	for example	例如	예를 들면
連絡を取り合う　れんらくをとりあう	contact each other	互相联系	연락을 취하다
また	and, furthermore	另外	또
阪神大震災　はんしんだいしんさい	Kobe Earthquake	阪神大地震	한신대진재
［ベルが］鳴ります　なります	[bell] ring	［铃］响	［벨이］울립니다
邪魔します　じゃまします	disturb, interfere	打扰	방해합니다
公衆電話　こうしゅうでんわ	public phone	公用电话	공중전화
クレジットカード	credit card	信用卡	신용카드

ユニット19　わたしの周りの最近のニュース

フローチャート

(Introduction of news: when, who, what happened)	(新闻的前文：什么时候、谁、做了什么)	(뉴스의 전 문장: 언제, 누가, 무엇을 했는가)
↓	↓	↓
(News details)	(有关新闻的详细内容)	(뉴스에 대한 자세한 내용)
↓	↓	↓
(Comment of someone connected with that news) 〜は〜と言っていました。	(和那件新闻有关人物的发言) 〜は〜と言っていました。	(그 뉴스와 관계된 사람의 코멘트) 〜は〜と言っていました。

ことば

以前　いぜん	long time ago	以前	이전
不合格　ふごうかく	failure	没考上	불합격
与えます　あたえます	give	给	부여합니다
社会人　しゃかいじん	member of society	社会成员	사회인
〜たち	〈attached to nouns indicating people to show the plural〉	们〈人的复数形式〉	〜들〈사람을 나타내는 말 뒤에 붙여서, 복수를 나타낸다.〉
〜のように	like 〜, similar to 〜	像〜那样	〜처럼
書き換えます　かきかえます	rewrite, retell	改写	바꿔 씁니다

ユニット20　わたしの国の有名な人

フローチャート

(A famous person of your country)	(自己国家有名的人)	(자기 나라의 유명한 사람)
↓	↓	↓
(An episode concerning that person)	(具体介绍有关那个人的逸话等等)	(그 사람에 대한 에피소드 등 구체적으로 소개)
↓	↓	↓
(General estimation of that person)	(对那个人的一般评价)	(그 사람에 대한 일반적인 평가)

ことば

黒沢明　くろさわあきら	Akira Kurosawa	黑泽明	구로사와 아키라
監督　かんとく	director	导演	감독

七人の侍　しちにんのさむらい	"The Seven Samurai", a classic movie by Akira Kurosawa	「七名武士」，由黒澤明导演的一部电影。	「7인의 무사」 구로사와 아키라 감독의 유명한 영화
シーン	scene	場面	장면
撮影　さつえい	filming	拍摄	촬영
～という話　～というはなし	story about ～ 〈the actual 'story' goes in the part denoted by '～'〉	传说是～＜用于术叙述～部分的内容时＞	～라는 이야기 〈「～」의 부분에 「이야기」의 내용을 말할 때 쓴다.〉
愛します　あいします	love	爱	사랑합니다
～のように	like ～, similar to ～	像～那样	～처럼
書き換えます　かきかえます	rewrite, retell	改写	바꿔씁니다
ガガーリン	Gagarin	加加林	가가린
向井千秋　むかいちあき	Chiaki Mukai	向井千秋	무카이 치아키
宇宙飛行士　うちゅうひこうし	astronaut	宇航员	우주비행사
飛行　ひこう	flight, flying	飞行	비행
仕事場　しごとば	one's place of work	工作场所	일터
評価を受けます　ひょうかをうけます	receive an appraisal	得到评价	평가를 받습니다
実現します　じつげんします	come true, realize	实现	실현됩니다

作文のポイント　問題の解答

ユニット1　自己紹介　（4ページ）
1) わたしはアグスです。インドネシアから来ました。
2) わたしはキムです。韓国人です。トニー電気の社員です。
3) アランさんは学生です。フィリピンから来ました。うちはマニラです。

ユニット2　わたしの部屋　（10～11ページ）
1) 窓の近くにテレビがあります。テレビの上に写真があります。家族の写真です。
2) うちの隣にきれいな公園があります。公園の前に図書館があります。図書館は大きいです。そして新しいです。
3) 教室に先生の机があります。先生の机の横にテレビとビデオがあります。テレビの上に小さいテープレコーダーがあります。
4) 部屋の中に冷蔵庫があります。冷蔵庫の横にテーブルがあります。テーブルの上に花があります。

ユニット3　わたしの国・町　（16～17ページ）
1) 日本は京都や奈良など古い町が多いです。奈良には世界でいちばん古い木のお寺があります。人がたくさんお寺を見に行きます。
2) わたしは来週東京と横浜へ旅行に行きます。東京では買い物します。それから、友達に会います。
3) わたしの町に図書館や美術館や公園があります。図書館には本やビデオテープがたくさんあります。わたしは時々借りに行きます。

ユニット4　わたしの家族　（22～23ページ）
1) 母は主婦で、料理がとても上手です。
2) 姉は結婚していて、子どもが3人います。
3) この会社はコンピューターを作っていて、アメリカにも事務所があります。

ユニット5　週末　（28ページ）
1) 神戸のインド料理のレストランへ行きました。そこ/そのレストランで友達に会いました。
2) 駅の前に男の人がいました。わたしはその人/その男の人に道を聞きました。
3) 妹にわたしの大切な本を貸しました。妹はそれ/その本をなくしました。

ユニット7　プレゼント　（40～41ページ）
1) 朝起きて、時計を見ると、もう9時でした。

2）ドアを開けると、知らない子どもがいました。
3）電車に乗ると、子どもがたくさんいました。
4）隣に座っている友達を見ると、寝ていました。

ユニット8　旅行　（46〜47ページ）

1）まずキャッシュカードを入れて、次に「お引き出し」のボタンを押して、それから暗証番号と金額を押します。
2）まず右手でおちゃわんを取って、左手に載せて、次におちゃわんを2回回して、それから飲みます。

ユニット9　もしわたしが2人いたら　（52〜53ページ）

1）（例）桜，着物，新幹線
2）（例）東京，北海道［へ］，沖縄［へ］
3）（例）釣り，し，本，読み，映画，見

ユニット10　趣味　（58〜59ページ）

1）日本語の勉強はおもしろいですから、毎日勉強していますが、なかなか上手になりません。
2）わたしは夏休みに友達と旅行に行ったり、アルバイトをしたりしましたが、日本語は全然勉強しませんでした。
3）急いで会議の資料を作って、コピーをしましたが、会議に間に合いませんでした。
4）わたしは旅行が好きですから、大学生のとき、いろいろな所へ行きましたが、今は旅行する時間がありません。

ユニット11　楽しい1日　（64ページ）

1）先週の日曜日はとても楽しい1日でした。，友達とパーティーをした
2）わたしは課長にしかられました。，大切な書類をなくした
3）ことしの夏休みは忙しい夏休みでした。，旅行に行ったり、アルバイトをしたりした

ユニット12　日本でびっくりしたこと　（70〜71ページ）

1）いろいろな日本料理を食べましたが、いちばんおいしかったのはすき焼きです。
2）来週東京へ旅行に行きますが、初めに行くのはディズニーランドです。
3）日本でいろいろな経験をしましたが、いちばんおもしろかったのはスキーです。

ユニット13　わたしの夢　（76〜77ページ）

1）新しい仕事を始めたいと思ったので、コンピューターを習っているのです。
2）マラソン大会に出ようと思ったので、ジョギングを始めたのです。
3）自分の目で世界を見たいと思ったので、いろいろな国を旅行しているのです。

ユニット14　隣りの人にひとこと　（82ページ）

1）（例）静かにし，（例）電車の中では大きな声で話さ
2）（例）病院の外でたばこを吸っ，（例）病院ではたばこを吸わ
3）（例）大学に合格し

ユニット16　ごみ：国との比較(1)　（96～97ページ）

1）B→A→C
2）A→B→C
3）B→C→A

ユニット17　交通：国との比較(2)　（102～103ページ）

1）C→A→B
2）C→B→A
3）B→C→A

ユニット19　わたしの周りの最近のニュース　（114～115ページ）

1）（例）きのう、同じ会社の佐藤さんの娘さんが婚約しました。佐藤さんは、結婚式は来年の秋ごろの予定だ
2）（例）先月、近所の松田さんが会社をやめて、自分でコンピューターの会社を作りました。松田さんは、大変だけど自分がやりたいことができるので、おもしろい
3）（例）先週友達のマリーさんが大阪城公園の近くに引っ越ししました。マリーさんは、大学までちょっと遠くなりましたが、緑が多くて、静かでとてもいい所だ

ユニット20　わたしの国の有名な人　（120～121ページ）

1）チャーさんが来月結婚する
2）月にはきれいな女の人が住んでいる
3）宇宙から戻ったとき、「地球は青かった」と言った

この教材をお使いになる先生方へ

本書の「はじめに」と合わせてご覧ください。

　ユニット1から15までの基礎編は、『みんなの日本語初級Ⅰ・初級Ⅱ』の語彙と文型の提出順序に準拠しています。どの学習範囲でどのユニットを使用できるかについては、本書の「もくじ」をご参照ください。（ユニット1「自己紹介」の内容は基本的には『みんなの日本語初級Ⅰ』第6課までの語彙・文型で作られているということです。）但し、実際に学習者に作文を書かせる場合は、『みんなの日本語初級Ⅰ・初級Ⅱ』のその課を習ってすぐにその範囲のユニットのテーマで書かせるのではなく、語彙や文型が定着したあとで、復習として作文を書かせた方が学習者にとっても負担が少なくなるでしょう。

　各ユニットの語彙・文型は、できるかぎり『みんなの日本語』の学習範囲に合わせましたが、未出のものに関しては本文中に「*」のマークをつけ、別冊に英語、中国語、韓国語で翻訳をつけました。なお（　）内の課の表示は『みんなの日本語初級Ⅰ・初級Ⅱ』の課を表します。

　また、本書は『みんなの日本語初級Ⅰ・初級Ⅱ』準拠となっていますが、他の初級教科書を使用されている場合でも、作文練習として使用できます。先生方が、お使いの教科書の学習範囲に合わせてテーマを選び、学習者に作文を書かせてください。

　ユニット16から20は応用編です。初級レベルの語彙や文型を使って、自分の意見を述べたり、比較したり、描写したりする練習です。初級レベルでも、全体的な構成について指導すれば、既習の語彙や文型を使用して、意見文・比較文・描写文などを書くことができます。

　従来の初級における作文指導では、既習の語彙や文型を使ってできるだけ正確に、そしてたくさん書くことに重点が置かれていたのではないかと思います。特に、初級の場合は語彙や文型をできるだけ多く導入することに時間がとられるため、作文練習をする場合に全体的な構成や内容について指導するということが、なかなか困難であると考えられています。学習者にとっても、テーマと用紙のみが与えられ、外国語である日本語で、ある程度の長さの作文を書くということは、かなりの負担だと思います。また、中級レベルになると、学習する語彙や文型が難しくなるうえに、全体的な構成についても指導が始まるので、学習者の負担は更に大きくなっています。

　従って、初級レベルから構成について学習者に意識化させ、何度も様々なテーマで作文を書く練習をすることが有効であると考えました。そして、初級学習者の皆さんが早い段階から、全体的にまとまりのある文を気軽に書く練習ができるように本書を作成しました。

　各ユニットの構成や内容については、本書の「はじめに」のところに記してありますが、その他の留意点など以下に補足します。

[フローチャート]
　3段階の展開パターンを学習者に理解させるために、枠の左に①②③という数字をつけました。（「モデル文」「書きましょう」も同様）本書にはフローチャートの次にモデル文が提示されていますが、授業で指導する際には、先にモデル文を読んで具体的に内容や構成を説明してから、フローチャートで全体的な構成を再確認するという順序で行ってもいいと思います。

[モデル文]
　基本的には『みんなの日本語初級Ⅰ・初級Ⅱ』の学習範囲の語彙や文型を使用して作成してありますが、学習者のレベルや状況に合わせて、指導する先生がモデル文を書き直して、授業で使用してもいいと思います。

[作文のポイント]
　あるテーマについて作文を書く場合に必要となる談話レベルの文法事項を、作文のポイ

ントとして取り上げました。まとまりのある作文を書くための、ちょっとしたテクニックのようなものです。ユニット1から20まで、モデル文に出てきたものを例文に取り上げました。(「もくじ」p. xi〜xii参照)

　これらの作文のポイントは、そのユニットのテーマで書く際に、必ず使わなければならないわけではありません。作文を書くときの技術として学び、他のテーマで書く際にもうまく応用して、学習者が作文を書くことを意図しています。もちろん、テーマによっては作文のポイントで扱った文法事項を使用して書かせる場合もあります。『みんなの日本語初級Ⅰ・初級Ⅱ』で未出の語彙や文型については、本文中に「*」のマークをつけ、別冊に意味や簡単な説明の翻訳をつけました。教師用マニュアルを参考に、授業で適宜補足説明を行ってください。

[関連語彙・みんなで話しましょう]
　ユニット1から5までは、初級の前半レベル(『みんなの日本語初級Ⅰ』第19課まで)で既習の語彙数が限られているため、テーマについての関連語彙を紹介しています。
　できるかぎり既習の語彙や文型を使用して作文を書くことを目的にしていますが、その他の語彙については、各学習者の状況に合わせて適宜提示してください。
　ユニット6から20は、授業での教室活動を行う「みんなで話しましょう」になっています。ペアワーク、グループワークによって、学習者間でテーマについて質問させてください。そのあとでどのようなことを話したかということをクラス全員の前で発表させてもよいでしょう。このようにテーマについて話をしていくうちに、テーマについてのアイデアを得たり、実際に書く前のブレーンストーミングになることを狙っています。

[作文メモ]
　作文の構成や内容を考えるためのメモになっています。先にこのようなメモを書かせることで、書きたいことが整理されます。
　授業でメモを作成させ、その間教師が巡回して、各学習者に必要な語彙や表現を補足したり、内容について学習者に個別に質問し

て、それに答える形で更に具体的に書かせたりすることができるでしょう。また、下書きの段階で文法的な誤りが訂正できたら、「書きましょう」で清書した作文が、真っ赤に添削されて学習者に返却され、学習者の書く意欲を損なうということが少なくなるのではないでしょうか。

[書きましょう]
　学習者が構成に留意して書けるように、あらかじめ3つの枠を提示してあります。
　前半のユニットでは、自分や家族の写真やイラストなどを貼るスペースも作ってあります。そのページを切り離し、提出用として使ってください。
　作文を書いたあとは、学習者同士で読み合ったり、教室に掲示したり、スピーチを行ったりして、紹介し合ってもいいでしょう。ただ、単に作文を書いて終わるのではなく、その他の練習や活動に結びつけることができれば、学習者の作文を書く動機も高まると思います。

<授業の流れ>
(例：1コマ90分の場合)
15分　「モデル文」
　↓　　読んで内容把握をする。その際に、未習語彙などの導入や意味の確認をする。
5分　「フローチャート」
　↓　　モデル文が3つの枠に分かれていることに着目させ、3段階の枠の中味を確認し、文の構成を意識させる。
10分　「作文のポイント」
　↓　　例)を用い、そのユニットの文法項目を紹介する。問題1)から3)は指示に従った練習、問題4)(ユニット1から15)はその応用。
20分　「みんなで話しましょう」
　↓　　作文メモにスムーズに移行できるように、クラス内で十分意見交換をさせる。
15分　「作文メモ」
　↓　　モデル文や例)を参考にメモを作る。
25分　「書きましょう」
　　　　実際に書かせる。

＜記号・フローチャートの意味＞
＊	新出語彙
（　）	注意書き
／	または（どちらでもよい） 例）わたしの国／町は〜です。 「わたしの国」でも「わたしの町」でもどちらでもよい。
・	そして（どちらも） 例）いつ・どこから　来ましたか。 「いつ来ましたか」「どこから来ましたか」どちらも含む。
＋	2文を1文にする。 例）父は会社員です。＋父はうちの近くの会社で働いています。 →父は会社員で、うちの近くの会社で働いています。
：	説明 例）日本でのできごと：日本のよくない点について
↓	フローチャートの3つの枠の流れを示す。
↓　⇨	1つの枠の中での流れを示す。
フローチャート内の点線	1つの枠で更に細かく分割される場合
フローチャートの枠の点線	省略される場合

教師用マニュアル

■ユニット1■
自己紹介

■…フローチャート

①では「初めまして」で始まり、③では「どうぞよろしくお願いします」で終わる、自己紹介をする場合の表現として固定させます。

■…作文のポイント

ここでは省略を取り上げます。

学習者の作文には、「わたしは～です。わたしは～です。わたしは～。」と「わたしは」が何度も使われる作文が多く見られます。これらは、1文レベルでは正しいのですが、談話レベルの作文を書かせる場合には単なる短文の羅列で、不自然になります。

例1のように「わたしは」が省略される場合と、例2のように「わたしの」が省略される場合があります。

問題4)は、下線部分に学習者が自分自身のことを書き、それを書き換える問題です。

■…関連語彙

職業など自己紹介で必要となる語彙を提示しました。『みんなの日本語初級Ⅰ翻訳・文法解説』p.99も参考にしてください。その他の語彙については、指導する先生が学習者に合わせて適宜紹介してください。

■…作文メモ

下線には自分の名前を書きます。そして質問について、例のように答えを書いて、「書きましょう」で書くためのメモを作ります。

メモが書けたら、ペアワークでお互い質問し合ってもよいでしょう。

■…書きましょう

自分の写真を貼ったり、似顔絵を書いたりする欄が設けてあります。学習者同士知り合うために、教室に掲示してもよいでしょう。

この段階では書ける内容が限られているので、学習者の書いた作文が短かったり、モデル文を単に自分の場合に置き換えただけであったりしてもかまいません。まずは、書いてみることが大切です。

■ユニット2■
わたしの部屋

■…フローチャート

①では、「わたしの部屋は～にあります」という形で部屋の位置について述べます。②では、部屋の中の様子について、まずどんなものがあるのか、そしてそれらがどのような位置関係にあるのかを順に述べていきます。③では、部屋全体に関するコメントで終わります。

①では部屋の位置を描写しますが、その際「アパートの2階」「寮の3階」「マンションの10階」というような場合と、一戸建てなら「台所の隣」など家の中での部屋の位置を表す場合があります。

③は「部屋全体についてのコメント」ですが、このレベル(『みんなの日本語初級Ⅰ』第10課まで)の学習者であれば、作文メモにあるように部屋の様子を表す形容詞で終わっても、最後のまとめの文になります。

■…作文のポイント

ここでは語彙の連鎖を取り上げます。部屋の中にあるいろいろな物を説明するには、物1と物2、そして物3がうまく連鎖していなければ、まとまりのない文章になってしまいます。

ここでの練習は、例のように「窓の近くに机がある」「机の横に本棚がある」「本棚に～」と、出てきた名詞を順につなげていくことで、まとまりのある文章にするものです。問題1)から3)のそれぞれの文は順不同に並んでいますので、語彙の連鎖を考えながら、順番を並べ替えさせてください。問題4)は絵を見て、学習者自身で文を作る練習です。

■…関連語彙

部屋の属性を表すのに必要と思われる形容詞が提示してあります。

■…作文メモ

2つ目の枠で部屋にある物について大まかに述べた後、1つ1つについて描写をしていきます。流れはフローチャートにあるように、まず、「(物1)や(物2)があります」

と述べた後、「(物1)について」、その位置とどのようなものか形状を述べます。次に物1のまわりに何かあれば、それについても「(物1)の上」や「(物1)の横」というように述べていきます。そしてその後、「(物2)について」の描写に移ります。このように部屋にある物について語彙の連鎖ができるよう指導してください。

■ユニット3■ わたしの国／町

■…フローチャート

①では、国または町の名前の紹介を「わたしの国／町は～です」という形で述べます。②では、位置、人口、気候、有名な場所など、国または町について詳しく述べていきます。③では、国または町についての全体的なコメントで終わります。

③の「国／町についてのコメント」は、このレベル（『みんなの日本語初級Ⅰ』第13課まで）の学習者であれば、「国／町は（形容詞）だ」や「国へ帰りたい」などの表現が中心となるでしょう。

■…作文のポイント

ここでは取り立ての「は」を取り上げます。

このレベルの学習者には難しい項目のように思われますが、ここではたくさんある物の中から1つに焦点を当て取り立てるという場合の練習をします。例えば、スマトラ、ボルネオ、ジャワなどいくつかある島のうち、1つの島ジャワを取り上げる場合、「ジャワには」となります。同様に「ボルネオには」「スマトラには」という表現も可能です。

問題4)は、学習者の町にあるものを3つ（A、B、C）提示し、その中の1つを取り立てる練習です。

取り立ての「は」については『みんなの日本語初級Ⅱ』第27課で「対比」を中心に扱われています。

■…関連語彙

人口を表現する際に必要な単位である「万」「億」と国や町の位置関係を表現したい場合のために、方角を提示しました。

■…作文メモ

2つ目の枠は質問に答える形式ですが、学習者に合わせて使ってください。例えば、町について書きたい学習者には「首都はどこですか」という項目は必要ありません。

■…書きましょう

作文メモで書いたことを清書する形で十分ですが、それ以外にも国や町について紹介したいことがあれば、積極的に書かせてください。

地図を書いたり、写真を貼り付けたりする箇所がありますので、書いた後で、教室の壁に貼ったり、口頭発表をしたりして、お互いの国や町を紹介し合ってもいいでしょう。

■ユニット4■ わたしの家族

■…フローチャート

①では、家族の人数や構成を「わたしの家族は～人です。～と～がいます。」のように固定して、家族についての大枠を述べます。②では、家族の構成員を個別に紹介します。③では、家族についての全体的なコメントで終わります。

学習者の「家族」についての作文に「父は～。母は～。弟は学生です。」のように、家族を個別に紹介するだけで終わってしまい、全体的なまとまりという点で物足りなさを感じるものがよく見られます。そのため、ここではまず「家族全体」について述べ、次に「個別」に家族を紹介し、そして最後に「家族全体」に戻るということをフローチャートによって理解させます。

③の「家族についての全体的なコメント」とは、家族でいっしょにすること、家族みんなが好きなこと、それについての自分のコメント、家族について自分が思うことなどが考えられます。モデル文が「わたしの家族は～が好きです」となっているので、それにとらわれ、皆同じような表現で書くかもしれませんが、この段階（『みんなの日本語初級Ⅰ』第16課まで）であれば「わたしの家族は（形容詞）です。」「～たいです。」などの表現でも、最後のまとめの文になるでしょう。

■…作文のポイント

　ここでは2文を1文に接続する練習をします。第16課で学習する「(動詞)て、～」「(い形容詞)くて、～」「(名詞・な形容詞)で、～」と同じ接続表現練習なので、第16課学習後であれば、特に難しい練習ではないでしょう。

　「て形」で2文を接続する場合、前件と後件は関連性のあるものでなければなりません。

　例えば、問題1)では「母は主婦です。」「母は料理が上手です。」のように、「主婦」と「料理が上手」が関連しています。そのことについて留意するために、問題4)ではキューになる2文も学習者に作らせ、それを1文に書き換えさせるような練習になっています。

■…関連語彙

　自分の家族の言い方です。「娘」「息子」は第28課、「祖父」「祖母」は第41課の新出語彙です。

　自分の家族以外の家族の言い方も同時に紹介する場合は、『みんなの日本語初級Ⅰ翻訳・文法解説』p.51を参照してください。

■…作文メモ

　最後の枠は「どんな家族ですか」という質問に答える形になっていますが、フローチャートのところで述べたように、家族についての全体的コメントになります。

　メモをもとにペアワークで質問し合ってもいいでしょう。

　学習者によっては、自分自身の家族について書きたくない場合もあるので、架空の家族でもかまいません(次の「書きましょう」も同様)。例えば、有名女優をお母さんにして自由に創作するなど。

■…書きましょう

　関連語彙のような、家族の関係がわかる略図を書かせてから、作文を書かせると、関係が視覚的に示されるのでわかりやすいです。図のかわりに、家族の写真を貼るかイラストを書かせてもいいでしょう。

　教室の壁に貼って、学習者の書いた作文についてお互い紹介し合ってもいいでしょう。

■ユニット5■
週末

■…フローチャート

　①では、「ホームステイをしました。」「パーティーをしたり、テニスをしたりしました。」など、週末に主にしたことを述べます。②では、それについての具体的な内容を述べます。したことについて「～しました。」と述べたあとには、「それがどうだったか」というコメントもつけ加えるように指導します。そして③では、週末についての全体的なコメント、例えば「どんな週末だったか」「今度はこんなことをしたい」などについて述べて終わります。

　学習者の「週末」についての作文で「8時に起きました。～時に～しました。～しました。それから寝ました。」のように、単に行動を時間軸に沿って並べていき、それで終わってしまうものがよく見られます。ここでは「週末にしたこと」→「具体的な内容」→「週末全体についてのコメント」というような流れを理解させます。

■…作文のポイント

　ここでは、初級での口頭による文型練習では扱われにくい「文脈指示」を取り上げます。初級では「現場指示」を中心に教えられていますが、学習者に作文を書かせると「わたしは大阪城公園へ行きました。あそこで写真を撮りました。」という誤用が多く見られます。このようにすぐ前の文に出てきたことを指す場合は、「あそこ」(ア系)ではなく「そこ」(ソ系)になるということを説明します。例には場所を表す「そこ」の例しか提示してありませんが、問題の中には「それ」「その～(名詞)」になるものもあります。

　問題3)では、「妹」が繰り返されますが、家族の呼称の場合は「その人」にはなりません。

■…みんなで話しましょう

　ユニット5以降は、「みんなで話しましょう」という教室活動を、作文を書く前の動機づけとなるように取り入れました。

　週末にしたことについて、ペアワーク、グループワークで質問し合います。その際イラストにあるように、時間軸に沿って話を進め

るように指示します。ここでは書く前の
ウォーミングアップのような位置づけなの
で、時間軸に沿ってしたことを順に話すだけ
でかまいません。実際に書く場合には、話し
たことの中から主にしたことを選んで、書く
ように指示してください。

■…作文メモ

2つ目の枠で「具体的にしたこと」のあと
には「それについてどうだったか」について
も書く欄が設けてあります。また、「具体的
にしたこと」が1つだけでは描写が不十分な
ので、フローチャートの「具体的内容1」「具
体的内容2」とあるように、複数書くように指
示してください。

■…書きましょう

内容がわかるようなイラストを書いたり、
写真・記念の切符などを貼ったりしてもいい
でしょう。また、書いた作文を発表するとい
う教室活動につなげることもできます。
『みんなの日本語初級Ⅰ』第20課で普通体
を学習したあとには、ここで書いたものを
「日記」としてもう一度普通体で書くという
練習もできます。

■ユニット6■
はがき

■…フローチャート

3段階の談話展開を応用してはがきを書く
練習です。旅先で出すはがき、お礼状、友達
への近況報告の3つの例を挙げていますが、
いずれも「お元気ですか。」で始まり、「さよ
うなら。」で終わるという、手紙を書く場合の
ごく基本的な表現を定着させます。

②は「ユニット5週末」と同様に、「具体的
内容」のあとには「それについてのコメント」
を入れるように指示してください。例えば、
モデル文1では「宮島へ行きました。」のあと
には「いい天気で、海がきれいでした。」のよ
うにつけ加え、単に事実や行動の羅列文にな
らないように注意させます。

■…モデル文

モデル文1の「～にて」というのは、手紙
表現の1つとして紹介します。モデル文2で
は、実際のはがきに縦書きで書くときの例
を、あて名の書き方も含めて挙げています。
「こんにちは、皆さんお元気ですか。この間は
どうもありがとうございました。」という始
めのあいさつ、「毎日寒いですから、体に気を
つけてください。さようなら。」という終わり
のあいさつの例を挙げました。このようなあ
いさつ、及びその他の手紙の表現は「ユニッ
ト15手紙」でも詳しく取り上げています。

モデル文3は絵はがきに横書きで書く例で
す。絵や写真がない面の左側に通信文、右側
にあて名を書きます。通信文の最後には日付
を入れます。右側に相手のあて名を書き、そ
の下に差出人の名前を書きます。親しい友人
への便りの場合は、住所を省いてもかまいま
せん。

モデル文3は親しい友達へのはがきなので
「よかったですよ。」のように多少話し言葉も
入っています。

■…手紙の形式と表現(1)

手紙のあて名の書き方、及び関連語彙を紹
介しました。

■…書きましょう

ここでの「書きましょう」が、実際にはが
きに書く前の下書きになっています。

■ユニット7■
プレゼント

■…フローチャート

①では、今までもらったプレゼントの中で
心に残るプレゼントについて「～に～があり
ます。」という形や「わたしの大切なプレゼン
トは～です。」という形で述べます。②では、
そのプレゼントをもらった日について具体的
に述べます。③では、そのプレゼントについ
て今、どのように思っているかを述べます。

①で「～に～があります。」とプレゼントの
置かれている場所を述べたり、「わたしの大
切なプレゼントは～です。」と述べた後に、だ
れからのプレゼントであるかを補足してもか
まいません。

■…作文のポイント

ここでは、前の動作が行われるとほとんど
同時に、後の事柄を発見したときに用いる表
現「～と、～た」を取り上げます。「～と、(名

詞）だった」や「～と、（動詞）ていた」のような形で多く使われます。『みんなの日本語初級Ⅰ』の第23課では、「～と、いつもそうなる」という意味の「～と、（動詞）ます」を学習していますが、ここでは接続助詞「と」の別の用法を練習します。やや理解が難しいかもしれませんが、イラストを参考に驚きや意外な気持ちを表す表現であることを指導してください。

　問題4）はイラストを見て、学習者が後件を考える問題です。余裕があれば、イラスト以外にもどのような場面が考えられるかを答えさせてもいいでしょう。

■ユニット8■
旅　行

■…フローチャート

　①では、どこへ旅行に行ったかを、「～へ行きました。」という形で述べます。②では、そこで具体的にどこへ行ったかという旅行の行程を「まず」「次に」「それから」を使って、順に説明します。③では、その旅行についてのコメントで締めくくるという流れです。

■…作文のポイント

　「まず」「次に」「それから」をうまく使い、手順、順序を述べるための練習です。これらは既習（「まず」「次に」は『みんなの日本語初級Ⅰ』第16課、「それから」は『みんなの日本語初級Ⅰ』第6課の新出語彙）であり、学習者は意味を理解できているので、ここでの練習はさほど難しくはないでしょう。

　問題3）は、朝起きてからすることを、「まず～て、次に～て、それから～ます。」の形で書く練習です。

■…作文メモ

　全体の流れは、「～へ行きました。」→「まず、（場所1）へ行きました。」⇨（どんなところか。何をしたか。）→「次に、（場所2）へ行きました。」⇨（どんなところか。何をしたか。）→「それから、（場所3）へ行きました。」⇨（どんなところか。何をしたか。）→（旅行について思ったこと／考えたこと）のような順でメモを作っていきます。

　旅行で主に行った場所が3か所の場合は、「まず～へ行きました。次に～へ行きました。それから～へ行きました。」のようになりますが、2か所の場合は、「まず～へ行きました。それから、～へ行きました。」のようになります。

■…書きましょう

　旅行をテーマに書く場合、地名が多くなりますが、学習者に応じて適宜紹介してください。

　もしあまり旅行に行った経験がないような学習者の場合は、「行きたいところ」について書かせてもいいでしょう。

■ユニット9■
もしわたしが2人いたら

■…フローチャート

　①では「もし～たら、いろいろなことができる／いろいろなことをしたいと思います。」という形で述べます。②では、「できること／したいこと」の具体例を「例えば」「また」「それから」を使って、例示します。③では、全体的な感想で最後を締めくくります。

■…モデル文

　モデル文中に「わたしの代わりに残業してもらうことができます。」と「もう1人のわたしが出てくれます。」の両者が出てきますが、「～てくれます」の方が「～てもらいます」より、相手が積極的に行為を行うというニュアンスが含まれます。（『みんなの日本語初級Ⅰ　翻訳・文法解説』p.155参照）

■…作文のポイント

　「例えば」「また」は新出語彙なので、巻末に翻訳をつけました。適宜例文を提示して、学習者が意味を理解しているか確認してください。

　ユニット8の「それから」は、時間の順序を追って起こることを示す用法（『みんなの日本語初級Ⅰ』第6課で既出）ですが、ここでの「それから」は、同じような事柄を順に挙げていく場合（『みんなの日本語初級Ⅰ』第11課で既出）の「それから」の用法です。

　問題4）と作文メモの内容は同じでも違っていてもかまいません。

■…みんなで話しましょう

ここでは「もし〜たら、…」を使っていろいろな状況を設定し、(「もしわたしが男／女だったら、…」「もし夜がなかったら、…」など) 学習者に自由に話させてください。

■ユニット10■
趣　味

■…フローチャート

①では、趣味や自分の好きなことは何か、いつから始めたかなどを述べます。②では、その趣味に関するある日のできごとについて述べます。③では趣味についての全体的なコメントを述べて締めくくります。

②から③への流れは、「ある日のできごと（過去）→これからの予定（未来）」という時間的推移によるパターンや「ある日のできごと→趣味についてのコメント」というパターンなどが考えられます。

■…モデル文

『みんなの日本語初級Ⅰ』の第19課で「〜になります」という文型は既習ですが、ここでの「大学生のときに始めてから、もう2年になります。」の表現は未習です。「日本へ来てから、1年になります。」のような他の例文を挙げて、決まった表現として紹介してください。

■…作文のポイント

ここでは既習の文型（「〜から」「〜て」「〜たり」「〜が」など）を使って、3文を1文にする練習を行います。

問題4）は、単純に文を結合させるだけでなく、「〜から」「〜て」「〜たり」のどれを使って、文をつなげるかも考えさせる問題です。

■…みんなで話しましょう

学習者は自分の趣味について日本語で話す機会がよくあるでしょうから、活発に会話練習ができるでしょう。

趣味／好きなことはイラストの中から選んでもいいですし、それ以外の場合は学習者に合わせて語彙を紹介してください。

学習者によっては、「自分の趣味はこれだ」と言えない場合もあるので、「好きな時間／好きなことは何ですか」というように質問して、話させてもいいでしょう。

■…作文メモ

2つ目の枠の「ある日のできごと」について、いつのことか、どんなことをしたか、どうだったか、どう思ったかなど具体的に書かせるようにしてください。

■ユニット11■
楽しい1日

■…フローチャート

①では、まずある1日についてどうだったか、そしてそれはなぜかということを提示し、②では、その1日のできごとについて詳しく説明します。③では、その日にあった／起こったできごとについての全体的なコメントを述べるというパターンです。

■…モデル文

最後の全体的なコメントは、過去に視点を置いた場合の例としているので、モデル文も作文メモも過去形になっています。

■…作文のポイント

理由を述べる場合、「(理由)から、〜」という表現が既習の表現ですが、(例：きのうは初めてスキーをしましたから、楽しい1日でした。) ここでは、「こんな1日だった」ということを先に述べて、それから理由を述べるという倒置の例を取り上げました。

ここでは、理由をつけ加える表現として「それは、〜からです。」が使えるように練習します。「〜から」は既習なので、学習者は意味を理解できると思いますが、「(普通形) からです」の形は新出です。ここでは、過去について述べているので、「(普通形過去) からです」になります。

問題4）は、「去年の誕生日は_____。」の下線部に嫌な1日であった理由を学習者に考えさせた後、それを書き換えさせるという問題です。

■…みんなで話しましょう

『みんなの日本語初級Ⅰ』第37課の学習事項「被害の受け身」を練習させたい場合は、「嫌な1日」について話させてもいいでしょう。

■…作文メモ
　「どんな1日だったか」ということを、学習者が自分で下線に書くようになっています。例えば、「忙しい1日」「つまらない1日」「悲しい1日」などです。

■ユニット12■
日本でびっくりしたこと

■…フローチャート
　①では、日本で経験した「びっくりした事柄」または「びっくりしたもの」の中から1つを取り上げます。②では、経験したときの様子を具体的に述べます。③では、それについて今思っていることを述べて終わるというパターンです。

■…作文のポイント
　ここでは文の接続を取り上げます。逆接の「が」ではなく、前置きとして次の話題に展開するときに用いられる「が」の用法を提示します。この「が」については『みんなの日本語初級Ⅰ』の第14課でも取り上げられていますが、ここではいくつかあるということを前置きして、そのうちの1つに焦点をあてる場合の言い方として、「(いろいろ/たくさん)～が、(いちばん/はじめに)～は～」の練習をします。
　練習問題は形の練習としては簡単ですが、イラストを参考にして意味を確認してください。

■…みんなで話しましょう
　日本と自国とで異なる点について驚いた経験が、どの学習者にもあるので、皆かなり積極的に話すと思います。
　自分がびっくりしたことやものを3つメモをして、その中からいちばん驚いたことを選び、それを「作文メモ」で詳しく内容を膨らませて書かせてください。

■…作文メモ
　1つ目の枠は「～が、いちばんびっくりしたのは、～です。」のように、書き始めを固定して書かせてください。

■ユニット13■
わたしの夢

■…フローチャート
　①では、「わたしは今、～ために、日本語を勉強しています。」という形で、日本語学習の目的や目標について述べます。②では、日本語の勉強を始めた動機や経緯、現在の状況について述べます。③では、将来の希望や計画について述べます。

■…作文のポイント
　「～ので、～のです」の形で事情説明をする言い方です。「～のです」は「～んです」(『みんなの日本語初級Ⅱ』第26課)の書き言葉であるという説明を、巻末の翻訳にも記してあります。
　例では「～ので、日本へ来たのです。」のように日本へ来た理由を述べ、その結果、「日本へ来た」という事情を説明しています。
　「～ので」(『みんなの日本語初級Ⅱ』第39課)の前、「～のです」の前は普通形になることを指示してください。

■…みんなで話しましょう
　質問1)は「日本語の勉強を始めたのはいつですか」という質問ですが、「どうして日本語を習いたいと思ったんですか。」「どうして日本語の勉強を始めたんですか。」などのように、「～んです」を使って質問し合ってもよいでしょう。

■…作文メモ
　フローチャートの2つ目の枠を更に細かく分けて、「過去から現在の状況に戻り、それから将来について述べる」というようにしました。全体的な流れとしては「現在の状況(日本語を勉強する目的)」→「過去(日本/日本語に興味を持った理由)」→「最近、現在(今まで/今の日本語の勉強の様子)」→「未来(将来の希望)」のパターンになっています。

■ユニット14■
隣の人にひとこと

■…フローチャート
　①では、書き手であるわたしとひとこと言いたいと思っている人との関係を明らかにし

ます。②では、その人に関係したあるできごと、またはひとこと言いたい理由を述べます。③では、その人に対するひとことを「〜てほしいと思います」という表現を使って述べます。

■…作文のポイント

ここでは、他者に対して要求・要望を述べるときの表現「（動詞）てほしい」「（動詞）ないでほしい」を練習します。「（動詞）てほしい」は他者にある行為や状態を要求したり、希望したりするときに用いる表現で、否定形は「（動詞）ないでほしい」です。「（動詞）てもらいたい」に比べ、間接的な意味合いで用いられます。

問題1）2）は「〜てほしい」「〜ないでほしい」の両方の答えを学習者に考えさせてください。問題4）は自分の周りにどんな人がいるか、またその人に何を要求、希望するかを学習者が考える問題です。

中級レベルでは「〜べきだ」などの表現を使って、意見文を書く練習が多くなされます。ここでは、その前の段階として意見を述べる際に、初級レベルでも扱える表現として「〜てほしい」を導入します。この表現は『みんなの日本語初級Ⅰ・初級Ⅱ』では扱われていませんが、第13課の「（名詞）がほしい」から「（動詞）てほしい」を導き出せば、このレベル（『みんなの日本語初級Ⅱ』第47課まで）の学習者にも理解可能でしょう。

■…みんなで話しましょう

ひとこと言いたい内容は、だれかへの不満、心配、励ましなど何でもかまいません。また相手は個人だけではなく、学校、会社など団体や組織への要求や希望でもいいでしょう。

■…書きましょう

①では、「わたしはこんな所に住んでいて、そこにこんな人がいる」や「わたしはこんな会社に勤めていて、そこにこんな上司がいる」などのように、まず自分の状況を説明し、それからひとこと言いたい人はだれであるかを書けば、その関係がよりわかりやすくなるでしょう。

プロジェクトワークとして学級新聞を作成する場合の投書文として書かせてもいいでしょう。

■ユニット15■
手　紙

■…フローチャート

3段階の談話展開を応用して手紙を書く練習です。ユニット6では、はがきを書く練習でしたが、ここでは、敬語を使って先生に手紙を書く練習をします。

近況報告、お礼状、依頼の手紙の3つの例を挙げていますが、いずれも「始めのあいさつ」→「具体的な内容」→「終わりのあいさつ」という、手紙を書く形式を3つの枠で示してあります。

■…モデル文

モデル文1は、近況報告の例です。「拝啓」「敬具」などの表現については別冊の翻訳に説明が記してあります。

モデル文2は、お礼の手紙の例です。①の始めのあいさつでは、季節のあいさつ、相手の安否を問う「お元気ですか。」のあとに、返事が遅れたことに対するお詫びの文例を出しました。これは、お礼の手紙を書くときのあいさつというわけではなく、一般的に返信の際の始めのあいさつとして、相手の安否を尋ねたあとに、用いられる1文として紹介しています。

モデル文3は、依頼の例です。始めのあいさつのあとの本文では、すぐにお願いごとをするのではなく、現在の状況（ここでは「今就職活動で忙しい」など）を知らせる内容を書いてから依頼する、という流れで書くように指示してください。すぐに本文で依頼する場合もありますが、ここではこのパターンで練習します。

■…手紙の形式と表現(2)

フローチャートの「始めのあいさつ」→「具体的内容」→「終わりのあいさつ」について、用件別に例文とともに詳しく提示しています。

1つ目の枠の「始めのあいさつ」では、「季節のあいさつ」→「相手の様子」を問うという順で例が示してあります。上のモデル文でも述べたように、そのあとに「返事が遅れたことに対するお詫び」をそのあとに付け加えてもよいでしょう。

2つ目の枠は、用件別つまり、近況報告、

お礼状、依頼の手紙の場合どのような内容になるかを示しています。

「相手の健康を気づかう記述」の後に、「またお会いできる日を楽しみにしています。」「また、お便りします。」「ご家族の皆様にもよろしくお伝えください。」という文もつけ加えてもかまいません。

「そのほかのあいさつ状」として、年賀状、暑中見舞い、クリスマスカードの例を挙げました。クリスマスカードを贈る習慣は、元々日本にはありませんでしたが、プレゼントに添えてカードを書く場合もあるので、紹介してあります。

■…書きましょう

「書きましょう」で書いたあとは、実際に手紙を書かせてください。封筒のあて名の書き方は、p.36の「手紙の形式と表現(1)」を参照してください。

■ユニット16■
ごみ：国との比較(1)

■…フローチャート

①では、まず日本で見かけたり、また経験したりしたよくない点（マイナス面）について述べ、その疑問点を「どうして～のでしょうか」といった問いかけの形で提示します。②では、それを自分の国と比較し、自分の国のいい点（プラス面）を述べます。③では日本のよくない点（マイナス面）について自分自身の意見や提言を述べます。

「どうして～のでしょうか」は、ある事柄や行動について、どんな理由があってそうなるのか、またそうするのかがわからないという疑問の気持ちを表す表現です。文末は「～のですか」ではなく、「～のでしょうか」になることを学習者に留意させてください。

■…作文のポイント

ここでは日本と自分の国とを比較して、意見を述べる展開パターンを理解させます。全体の流れは（日本のマイナスと思う事実）→（自分の国のプラスの事実）→（マイナスの事実に対する意見）となります。それぞれの枠には「どうして～のでしょうか」「わたしの国では～」「～と思います」などの表現があるので、展開はわかりやすいでしょう。例）は順不同に並んだABCの文を上で述べた展開のパターンの順に並べ替え、全体の流れを示したものです。問題1）から3）はこのように展開パターンを考えて、文を並べ替える練習です。

■…みんなで話しましょう

自分の国と比較して、日本のよくないと思う点について、学習者が自分の意見をきちんと提示できるよう、十分な話し合いの場を持たせてください。例えば「日本のよくない点はどんな点か」「自分の国ではどうか」「他の学習者の国ではどうか」「よくない点についてどうすればよいと思うのか」など、質問を与えて話を進めてもいいでしょう。

■ユニット17■
交通：国との比較(2)

■…フローチャート

ユニット16と同じ「国との比較」がテーマですが、ここでは①で日本で見かけたり、また経験したりしたできごとの中でいい点（プラス面）について述べ、その点を「わたしは日本の～は非常に～と思います。」という形でまとめます。②では、それを自分の国と比較し、自分の国のよくない点（マイナス面）を述べます。③では、自分の国のよくない点（マイナス面）について、自分自身の意見や提言を述べます。

「わたしは日本の～は非常に～と思います。」の「～と思います」には「いい、便利だ、すばらしい」などの肯定的な言葉が入ります。

■…作文のポイント

ここでは、ユニット16と同様に日本と自分の国とを比較して、意見を述べる言い方を取り上げます。全体的な流れは（日本のプラスだと思う事実）→（自分の国のマイナスの事実）→（マイナスの事実に対する意見）となります。「わたしは日本の～は非常に～と思います」「わたしの国では～」「～てほしいです」などの表現があるので、展開はわかりやすいでしょう。例）は順不同に並んだABCの文を上で述べた展開のパターンの順に並べ替え、全体の流れを示したものです。問題1）

から3）はこのように展開パターンを考えて、文を並べ替える練習です。

■ユニット18■
携帯電話　必要？　不必要？

■…フローチャート

①では、最近増えつつあるものごとなどの事実を提示し、それに対する自分自身の意見や立場を「わたしはそれはいいこと／よくないことだと思います。」という表現で明らかにします。②では、その理由を「なぜなら〜からです」という表現で明確にした後、例を挙げ、補足の理由を述べていきます。③では、全体を「ですから〜は必要／不必要だと思います。」という形で締めくくります。

■…作文のポイント

ユニット11では理由を表す表現として「それは〜からです。」という倒置表現を扱いましたが、ここでは前述の事柄について理由を説明する表現、「なぜなら〜からです。」を取り上げます。

ここでもユニット16、17と同様に意見文を書く練習を行いますが、このユニットでは1つの物事や現象に対して、それを必要と考えるか、不必要と考えるかという視点から構成していきます。

■…モデル文

モデル文1は携帯電話を必要とする立場から、モデル文2は携帯電話を不必要と考える立場からの意見文です。それぞれ②では、例示の表現「例えば」「また」を用いて補足説明がなされていますが、必ずしもこの形を取る必要はありません。携帯電話を持っていなくて、困ったこと等の体験談でもかまいません。

■…みんなで話しましょう

それぞれのテーマについて、学習者同士が活発に意見が交換できるようにしてください。学習者の興味によって、4つの中からテーマを1つに絞ったり、これ以外のテーマを提示したりしてもかまいません。また「必要派」「不必要派」に分かれて、ディベートをしてもよいでしょう。

■…作文メモ

学習者が個々にテーマを決めてもかまいませんが、クラス全体で話し合ったものの総まとめとして作文を書かせた方が、学習者には書きやすく、また達成感も感じられるでしょう。

■ユニット19■
わたしの周りの最近のニュース

■…フローチャート

①はニュースの前文に相当するものです。ここでは、いつ、だれが、何をしたかについて述べます。②では、さらに詳しく状況や理由などの情報を加えます。③では、そのニュースに関係する人、つまり当人やその周りの人々のコメントを「〜は〜と言っていました」という形で提示します。

今までは、最後にコメントや意見を入れて終わるパターンでしたが、このユニットは、事実をそのまま伝える描写文なので、③は書き手のコメントではなく、ニュースの当事者及び関係者のコメントで終わることに留意させてください。

■…作文のポイント

ここでは、引用表現を用いた描写文を取り上げます。ある事実を他の人に伝える際に用いる「〜と言っていました」という引用表現は、『みんなの日本語初級Ⅱ』の第33課で既に取り上げられているので、学習者にはさほど難しくないと思います。（『みんなの日本語初級Ⅱ翻訳・文法解説』p.51参照）ここでのポイントは会話文を地の文に置き換える練習です。例のように会話の中から「いつ」「だれが」「何を」という情報を抜き出し、「4月に近所に住んでいる72歳の山本さんが、大学に入学しました」という文を作成します。それに「山本さんは、〜（普通形）と言っていました」という引用表現を付け加える練習です。

■…みんなで話しましょう

学習者の身の周りで起こった身近なニュースについて、学習者同士で話し合わせます。その際、「いつ」「だれが」「どのように」「なぜ」という質問を必ずさせるようにしてください。（ニュースが学習者の身近で起こった場合、「どこで」は省略してもかまいません。）

■…作文メモ

テーマには「わたしの周りのニュース」とありますが、創作ニュースでも、時事問題でもかまいません。

■…書きましょう

プロジェクトワークとして学級新聞を作成する場合の取材記事として書かせたり、また書いた作文をニュースキャスターやレポーターになったつもりで、学習者に発表させてもおもしろいでしょう。

■ユニット20■
わたしの国の有名な人

■…フローチャート

①では、自分の国で有名な人はだれかを述べます。②では、その人に関するエピソードなどを交えながら、どんな人であるかを具体的に紹介していきます。③では、その有名人に対する現在の一般的評価を述べます。

描写文を扱ったこのユニットでも、ユニット19と同様に③には「〜と思う」「〜てほしい」など書き手の主観は入らないので、留意させてください。

■…作文のポイント

ここでは、引用表現を用いた描写文を取り上げます。ある人物の人となりについて説明する場合、その人にまつわるエピソードが語られますが、その際に「〜という話」という表現がよく使われます。「〜」の部分には「話」の内容が述べられます。「〜という」という表現は『みんなの日本語初級Ⅱ』の第33課で「〜という意味」の形で既に扱われています。問題1）から3）は例に従って、会話文を「という話」を用いて書き換える練習です。

■…みんなで話しましょう

それぞれの国で有名な人について、隣の人と話し合います。その際、作文メモにつながるよう、「どんなことをしましたか」「国ではどのように思われていますか」などの質問をしながら、お互いに話させるようにしてください。

■…作文メモ

例で取り上げた有名な人は、過去の人ではなく、現在の人なので、1つ目の枠は「今、有名な人は〜」という形になっています。

3つ目の枠は世間一般の評価について書きますが、例のように、その人に与えられた影響について書いてもかまいません。

Minna no Nihongo

みんなの日本語初級
やさしい作文

© 1999 by Kadowaki Kaoru and Nishiuma Kaoru

All rights reserved. No part of this publication may be reproduced, stored in a retrieval system, or transmitted in any form or by any means, electronic, mechanical, photocopying, recording, or otherwise, without the prior written permission of the Publisher.

Published by 3A Corporation.
Trusty Kojimachi Bldg., 2F, 4, Kojimachi 3-Chome, Chiyoda-ku, Tokyo 102-0083, Japan

ISBN978-4-88319-142-0 C0081

First published 1999
Printed in Japan

はじめに

　本書は初級の学習者を対象に、早い段階からあるテーマについてまとまりのある文章が書けるようになることを目的として作られたワークブックです。

　従来、初級段階での作文練習は、既習の語彙や文型を使用した短文作成練習が中心となることが多かったと思います。しかし、習ったことの総まとめとして、学習者に、ある身近なテーマについて自由に作文を書かせてみると、短文を羅列しているだけで意味のわかりにくいものが多く見受けられます。それらは、全体的な構成という談話の視点から書かれていないからです。

　この作文ワークブックでは、このような全体的な構成のパターンをフローチャート及びモデル文によって学習者に理解させることを目的にしています。作文練習を単なる短文レベルの文型定着のための練習で終わらせるのではなく、学習者が自ら談話展開を意識し、中級段階の作文につなげられるよう工夫されています。指導の際には、細かい語彙や文法に関する誤用訂正のみに終わるのではなく、内容を重視し、談話展開についても指導を行ってください。

<特徴>
- フローチャートによって、一目で全体的な構成がつかめる。
- 各ユニット内で順に書き進めていけば、負担を感じずにあるテーマについてまとまりのある文が書ける。
- 様々なテーマで何度も書いていくうちに、全体的な構成について意識化できるようになる。
- まとまりのある文を書くスキルを身につけることによって、スピーチや読解にも応用できる。
- 初級段階から、全体的な構成に気をつけて書く訓練をすることによって、中・上級段階の作文練習への移行がスムーズになる。
- 初級テキスト『みんなの日本語初級Ⅰ・初級Ⅱ』(スリーエーネットワーク)の語彙・文型の提出順序に準拠しているが、幅広く初級での作文練習に使える。

<構成・内容>
　初級段階で扱えるような身近なテーマを20項目選びました。ユニット1から15までの基礎編(『みんなの日本語初級Ⅰ・初級Ⅱ』第50課まで)、ユニット16から20までの応用編(中級につなげる意見文などを書く練習)の2段階になっています。

　各ユニットは、次のような構成になっています。

(1) フローチャート
　各テーマの始めに、展開パターンをフローチャートで示してあります。このフローチャートによって、モデル文を提示する前に、学習者に文全体の流れを視覚的に示すことができます。初級前半では、大まかな3つの枠「全体に関する記述→具体的な内容→全体に関するコメント」の展開パターンを用い、テーマごとに具体例を挙げて、談話展開を意識化させることを目的にしています。

　初級後半のテーマについては、3つの枠の談話展開は必ずしも「全体に関する記述→個

別の事柄→全体に関するコメント」ではなく、他のパターン例「事実→具体的な内容→意見」という意見文のパターンもフローチャートに示してあります。

(2) モデル文

フローチャートの枠にあてはめて、具体的にテーマについてのモデル文を提示しました。談話展開を意識させるために、3つの枠で囲んであります。モデル文は読解練習ではなく、談話の展開パターンを示すものなので、短く簡単に示してあります。特に、使える語彙・文型が限られている初級前半の段階では、モデル文を参考にしながら自分のことを書くことができるよう考えられています。

(3) 作文のポイント

ここでは、モデル文中に提示された文法項目から、特に短文レベルの文型練習では扱われにくい談話レベルの文法事項をいくつか取り上げています。但し、これらはモデル文中に出てくる文法事項であり、各ユニットのテーマに沿って書く場合、必ずしもそこで提示された文法事項を使って書かなければならないというものではありません。作文を書く場合の談話レベルの留意点を練習問題にし、全テーマを通してまとめたものです。

(4) 関連語彙・みんなで話しましょう

ユニット1から4までは関連語彙を示し、ユニット5から20までは教室活動「みんなで話しましょう」を提示しました。「みんなで話しましょう」ではテーマについて、実際に作文を書く前に学習者同士で質問し合ったり、意見交換をしたりすることによって、動機づけを図ることを目的としています。

(5) 作文メモ

作文メモは、「書きましょう」で実際に学習者が作文を書くための準備になっています。教師はこの段階で、学習者に必要な語彙を補足したり、文法的な誤りを訂正したりすることができます。

ここでは、3つの枠でのそれぞれ中心となる文を簡単に書かせ、全体的な構成を考えさせます。そして、次の「書きましょう」では、このメモを参考にして、内容をふくらませて清書させます。

(6) 書きましょう

授業で書かせても、宿題として書かせても構いません。提出用に切り取って使えるようになっています。書いたあとで、学習者同士で読み合ったり、教室に掲示したりしてもよいでしょう。また、スピーチ練習の原稿としても使用できます。

別冊

フローチャート・新出語彙の翻訳（英語・中国語・韓国語）
作文のポイントの問題解答
この教材をお使いになる先生方へ
教師用マニュアル

この作文ワークブックは、「初級でどのように作文指導を行ってよいかわからない」「語彙や文法が難しくなる中級から、作文の構成を習うのは大変だ」という教師及び学習者の方々の多くの声を聞いて、作成しました。ワークブック作成の企画は、1995年の大阪外国語大学大学院での鈴木睦先生の日本語教育学研究ゼミから始まりました。その後、多くの日本語教育機関の先生方に作文教材試行をお願いし、たくさんのご助言を頂きました。財団法人海外技術者研修協会（AOTS）の先生方、神戸YMCA学院専門学校関係の先生方、そして学習者の皆さんにも感謝申し上げます。また、本書出版の機会を与えてくださり、ワークブックとしてまとめる上でも大変お世話になった、スリーエーネットワーク編集部の菊川綾子さんに心より感謝いたします。

　この作文ワークブックによって、学習者の皆さんが、楽しく、気軽に作文が書けるようになることを願っております。

1999年9月

門脇　薫
西馬　薫

学習者の皆さんへ

　この作文ワークブックは、あるテーマについて自分の表現したいことを、文章の構成に注意しながら書く練習をする教材です。

　テーマは皆さんにとって身近なものを20選びました。初級の語彙や文型を使って、様々なテーマで簡単に作文を書くことができます。文法などのまちがいを恐れずに自分の言いたいことを書いてください。最初は短くてもいいですから、何度もいろいろなテーマで書いて、言いたいことをうまく表現できる文章の構成パターンに慣れましょう。

　この教材を使って書いた作文は、日本語でスピーチをするときにも役に立つでしょう。

＜教材の構成と使い方＞

　【基礎編】ユニット1～15：『みんなの日本語初級Ⅰ・初級Ⅱ』第1課から第50課までの語彙・文型を使っています。

　【応用編】ユニット16～20：中級レベルに入るまえの応用練習です。

＜各ユニットの構成＞

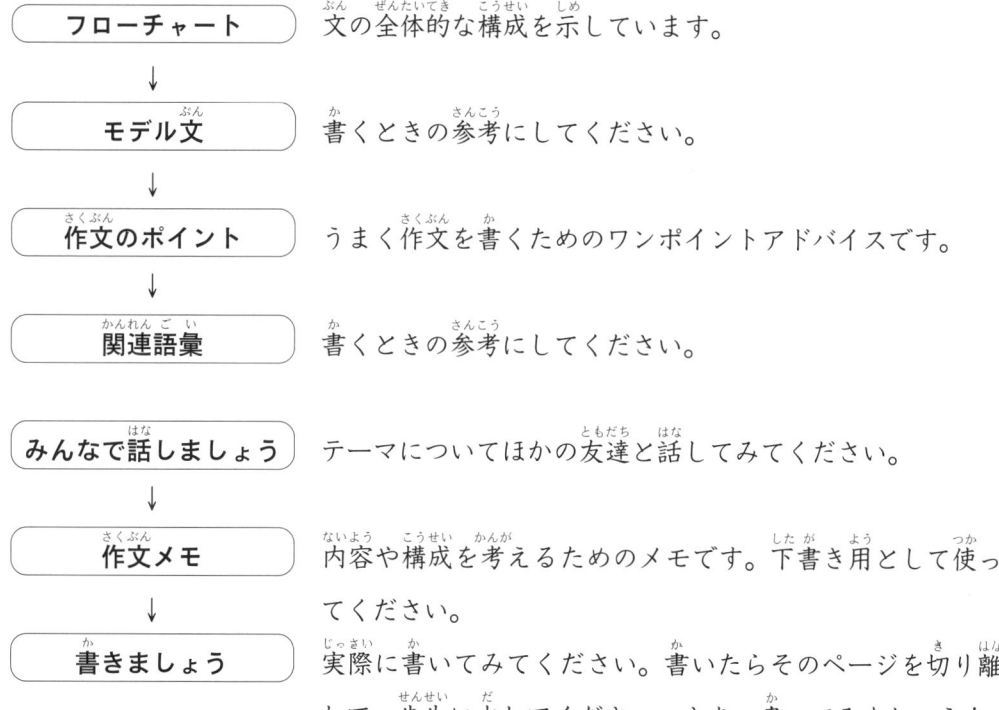

＊このワークブックは『みんなの日本語初級Ⅰ・初級Ⅱ』に準拠して作った教材ですが、ほかの教科書で勉強している方でも使えます。

To the Learner

This workbook has been designed so as to allow the learner to freely communicate in written Japanese. Through writing practice and paying attention to sentence structure, the learner will be able to express him/herself in various styles and formats.

The 20 themes in the book have been selected for their familiarity to the learner. Using basic vocabulary and sentence patterns, you will be able to write simple sentences on various themes. Try to write what you really want to say without worrying about making grammatical mistakes. It is fine to start by writing only short sentences. Remember that the more you write on various themes, the better you will become at writing and expressing yourself within a set structure.

The language and structures found in this text will also be useful for speeches.

Textbook Structure

Basic Practice - Units 1-15: Uses the vocabulary and sentence patterns found in Chapters 1-50 of *Minna no Nihongo*.

Practical Application - Units 16-20: Involves practical application at a level equal to the beginning of the intermediate stage.

Structure of Each Unit:

Flowchart	Clearly shows the structure of the desired piece of writing.
↓	
Model Composition	Use this as a reference when writing.
↓	
Composition Points	Advice to help you improve your writing ability.
↓	
Related Vocabulary	Use this as a reference when writing.
Let's Talk	Try to talk about the set themes with friends and the people around you.
↓	
Composition Hints	Here you will find hints to help you think about contents and structure. Refer to this when writing.
↓	
Let's Write	Try to actually write something. When you have finished writing, detach the page and hand it to your teacher.

*This workbook has been produced to be used in conjunction with *Minna no Nihongo I* and *II*; however, it can be used with other textbooks.

致各位学习者

　　本作文辅助练习册是一本写作练习教材。练习的形式是就某一题目写出自己想要表达的事情，在写作的过程中注意文章的构成。

　　我们挑选了二十个对于大家来说十分切身的问题作为练习题目。使用初级教程的语汇和句型，可以就各种各样的题目进行简单的写作。不要担心会有语法错误等，大胆将自己想要说的事情写出来。刚开始时，写短一点儿也没关系，反复就各种题目进行作文练习，逐渐习惯文章的构成形式，将自己想要说的事情充分的表达出来。

　　使用这本教材进行作文练习，对用日语进行讲演也会有一定的帮助。

＜教材的构成和使用方法＞

　　【基础篇】单元 1～15: 使用『みんなの日本語初級Ⅰ・初級Ⅱ』第 1 课至第50课的汇、
　　　　　　　　　　　　　句型。

　　【应用篇】单元16～20: 进入中级水平以前的应用练习。

〈各单元的构成〉

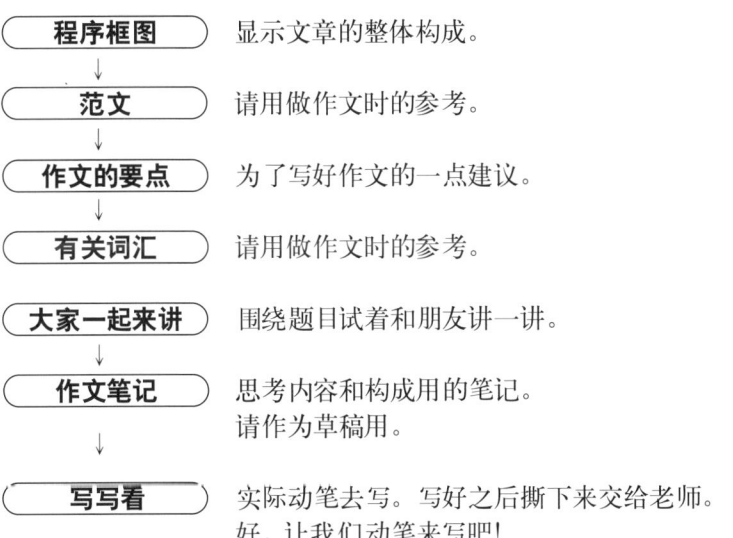

程序框图	显示文章的整体构成。
范文	请用做作文时的参考。
作文的要点	为了写好作文的一点建议。
有关词汇	请用做作文时的参考。
大家一起来讲	围绕题目试着和朋友讲一讲。
作文笔记	思考内容和构成用的笔记。请作为草稿用。
写写看	实际动笔去写。写好之后撕下来交给老师。好，让我们动笔来写吧!

　　这本作文辅助练习册是依据『みんなの日本語初級Ⅰ・初級Ⅱ』编写的教材，但用其他教材学习的人也可以使用。

학습자 여러분에게

이 작문 워크북은 어떤 테마에 대해 자신의 표현하고 싶은 것을, 문장의 구성에 주의하면서 쓰는 연습을 하는 교재입니다.

테마는 여러분에게 있어 친근한 것을 20가지 골랐습니다. 초급 어휘와 문형을 써서 여러가지 테마로 간단히 작문을 할 수 있습니다. 문법 등이 틀리는 것을 겁내지 말고 자신이 하고 싶은 말을 써 보 십시오. 처음에는 짧아도 좋으니 몇 번이고 여러가지 테마로 써서, 하고 싶은 말을 잘 표현할 수 있는 문장의 구성 패턴에 익숙해지도록 합시다.

이 교재를 사용해서 작문을 한 것은, 일본어로 스피치를 할 때에도 도움이 될 것입니다.

<교재의 구성과 사용법>

【기초편】 유니트 1~15 : 「みんなの日本語初級Ⅰ・初級Ⅱ」 제1과에서 제50과까지의 어휘. 문형을 사용했습니다.

【응용편】 유니트 16~20 : 중급레벨에 들어가기 전의 응용연습입니다.

<각 유니트의 구성>

(플로차트) 문장의 전체적인 구성을 나타냅니다.
↓
(모델문) 쓸 때의 참고로 하십시오.
↓
(작문의 포인트) 작문을 잘 쓰기 위한 원포인트 어드바이스입니다.
↓
(관련어휘) 쓸 때의 참고로 하십시오.

(다같이 이야기합시다) 테마에 대해서 다른 친구들과 이야기해 보십시오.
↓
(작문메모) 내용과 구성을 생각하기 위한 메모입니다. 초고용으로 사용하십시오.
↓
(써 봅시다) 실제로 써보십시오. 쓰고나서 그 쪽을 잘라서 선생님께 제출하십시오. 자, 써 봅시다!

＊ 이 워크북은 「みんなの日本語初級Ⅰ・初級Ⅱ」에 준거해서 만든 교재이나, 다른 교과서로 공부하고 있는 분도 사용할 수 있습니다.

もくじ

はじめに ……………………………………………………………………… iii
学習者の皆さんへ …………………………………………………………… vii

ユニット1　自己紹介
　　　　第6課まで　省略 …………………………………………………… 3

ユニット2　わたしの部屋
　　　　第10課まで　語彙の連鎖 …………………………………………… 9

ユニット3　わたしの国・町
　　　　第13課まで　取り立ての「は」 …………………………………… 15

ユニット4　わたしの家族
　　　　第16課まで　文の接続(1)：2文を1文にする …………………… 21

ユニット5　週末
　　　　第19課まで　文脈指示 ……………………………………………… 27

ユニット6　はがき
　　　　第22課まで　手紙表現(1) …………………………………………… 33

ユニット7　プレゼント
　　　　第25課まで　過去の描写：発見の「と」 ………………………… 39

ユニット8　旅行
　　　　第28課まで　手順：まず、次に、それから …………………… 45

ユニット9　もしわたしが2人いたら
　　　　第32課まで　例示：例えば ………………………………………… 51

ユニット10　趣味
　　　　第35課まで　文の接続(2)：3文を1文にする …………………… 57

ユニット11　楽しい1日
　　　　第38課まで　理由説明(1)：それは〜からです …………………… 63

ユニット12　日本でびっくりしたこと
　　　　第41課まで　文の接続(3)：前置きの「が」 ……………………… 69

ユニット13　わたしの夢
　　　　第44課まで　理由説明(2)：〜のです ……………………………… 75

ユニット14	隣の人にひとこと	
	第47課まで　意見を言う：〜てほしい、〜ないでほしい	81
ユニット15	手紙	
	第50課まで　手紙表現(2)	87
ユニット16	ごみ：国との比較(1)	
	比較して意見を言う(1)	95
ユニット17	交通：国との比較(2)	
	比較して意見を言う(2)	101
ユニット18	携帯電話　必要？　不必要？	
	肯定・否定意見を言う	107
ユニット19	わたしの周りの最近のニュース	
	引用して描写する(1)	113
ユニット20	わたしの国の有名な人	
	引用して描写する(2)	119

別冊	フローチャートとことばの翻訳	3
	作文のポイント　問題の解答	19
	この教材をお使いになる先生方へ	22
	教師用マニュアル	25

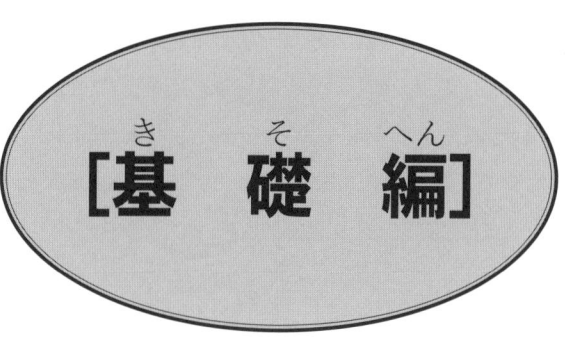

ユニット 1　自己紹介*

フローチャート

① 初めまして。わたしは～です。

↓

②（国・来日した日・仕事などについて）

↓

③ どうぞよろしくお願いします。

モデル文

① 初めまして。わたしはジョンです。

② 　ことしの5月にアメリカから来ました。会社員です。会社はNKC*です。月曜日から金曜日まで働きます。土曜日と日曜日は休みです。土曜日の午前はいつも友達とテニスをします。日曜日はうちで日本語を勉強します。来年の3月まで日本で働きます。

③ どうぞよろしくお願いします。

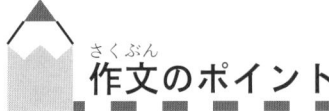
作文のポイント

例1

わたしは ジョンです。わたしは 会社員です。

→ わたしはジョンです。会社員です。

例2

わたしは ジョンです。わたしは 学生です。わたしの 大学はアメリカ大学です。

→ わたしはジョンです。学生です。大学はアメリカ大学です。

問題

1）わたしはアグスです。わたしはインドネシアから来ました。

→ _____

2）わたしはキムです。わたしは韓国人です。わたしはトニー電気*の社員です。

→ _____

3）アランさんは学生です。アランさんはフィリピンから来ました。アランさんのうちはマニラ*です。

→ _____

4）わたしは＿＿＿＿＿＿＿です。わたしは＿＿＿＿＿＿＿から来ました。
　　　　　　（名前）　　　　　　　　　　　　（国）

　　わたしは＿＿＿＿＿＿＿＿＿＿＿＿です。
　　　　　　　　　　（仕事*）

→ ＿＿＿＿＿＿＿＿＿＿＿＿＿＿＿＿＿＿＿＿＿＿＿＿＿＿＿
　＿＿＿＿＿＿＿＿＿＿＿＿＿＿＿＿＿＿＿＿＿＿＿＿＿＿＿

関連語彙

作文メモ

初めまして。わたしは＿＿＿＿＿＿＿＿＿＿＿＿＿＿＿です。

↓

いつ・どこから来ましたか。
例）ことしの5月にアメリカから来ました。

お仕事は何ですか。
例）会社員です。

日本で何をしますか。
例）月曜日から金曜日までＮＫＣで働きます。日曜日は日本語を勉強します。

↓

どうぞよろしくお願いします。

書きましょう
か

自己紹介　　名前
じ こ しょうかい　　な まえ

写真／絵*
しゃしん　え

①

②

③

ユニット1……7

ユニット 2 わたしの部屋

フローチャート

① わたしの部屋は〜にあります。

↓

② わたしの部屋に（物1）や（物2）があります。
（物1についての具体的な説明）
（物2についての具体的な説明）
　　　　⋮

↓

③ （部屋についてのコメント）

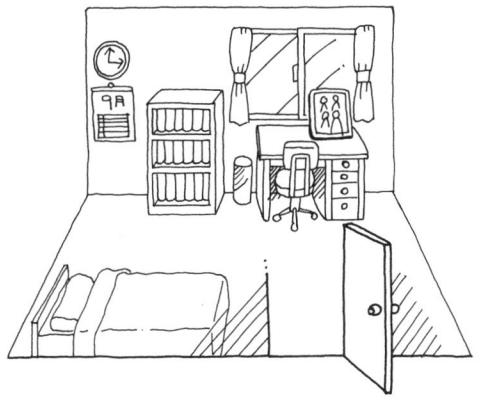

モデル文

① わたしの部屋はアパート*の3階にあります。

② 部屋に机やベッドがあります。机は窓の近くにあります。大きいですが、少し古いです。机の上に写真があります。家族の写真です。机の横*に小さい本棚*があります。去年、友達にもらいました。本棚に英語の雑誌と日本語の本があります。

　それから*、ドアの近くにベッドがあります。ベッドは新しいです。先月買いました。

③ わたしの部屋にいろいろな物があります。わたしはこの部屋がとても好きです。

作文のポイント

例
- 机の横に本棚があります。
- 窓の近くに机があります。
- 本棚に英語の雑誌と日本語の本があります。

→ ①窓の近くに机があります。
　　②机の横に本棚があります。
　　③本棚に英語の雑誌と日本語の本があります。

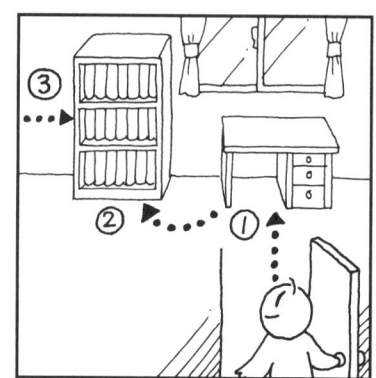

→ 窓の近くに机があります。机の横に本棚があります。本棚に英語の雑誌と日本語の本があります。

問題

1)
- 家族の写真です。
- テレビの上に写真があります。
- 窓の近くにテレビがあります。

→ _____

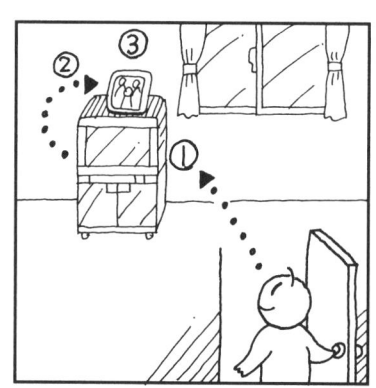

2)
- 図書館は大きいです。そして新しいです。
- 公園の前に図書館があります。
- うちの隣にきれいな公園があります。

→ _____

3) ・先生の机の横にテレビとビデオがあります。
・教室に先生の机があります。
・テレビの上に小さいテープレコーダーがあります。

→ _____
_____

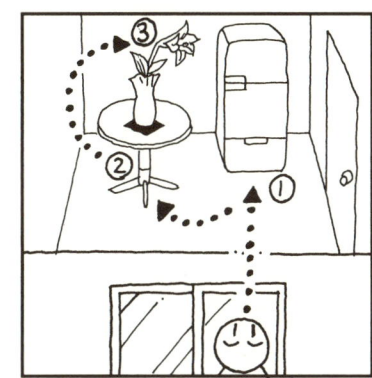

4) 質問：部屋に何がありますか。

→ _____
_____
_____

関連語彙

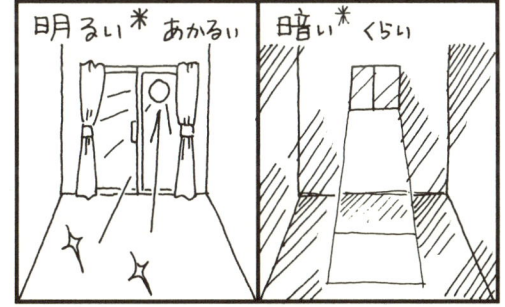

作文メモ

| わたしの部屋は_____にあります。 |

↓

あなたの部屋に何がありますか。
例) 机や本棚やベッドがあります。

物 例) 机	⇒どこにありますか。 ⇒窓の近くにあります。	⇒どんな物ですか。 ⇒大きいですが、古いです。

↓

あなたの部屋はどんな部屋ですか。
例) わたしの部屋は新しいです。そして明るいです。

 書(か)きましょう

わたしの部屋(へや)　名前(なまえ)

部屋(へや)の絵(え)

①

②

③

ユニット 3　わたしの国・町

フローチャート

① わたしの国／町は〜です。
　↓
② （人口や気候についての説明）
　　（有名な物や有名な所についての紹介）
　↓
③ （国／町についてのコメント）

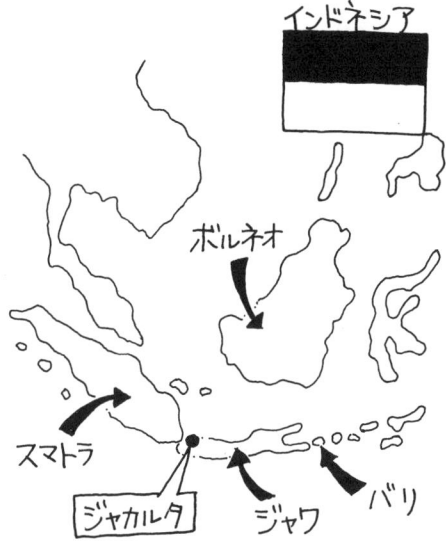

モデル文

① わたしの国はインドネシアです。

② インドネシアに、スマトラやボルネオやジャワなど、島*がたくさんあります。

　ジャワには*、首都*のジャカルタがあります。ジャカルタは人や車が多いですから、とてもにぎやかです。高いビルもたくさんあります。

　インドネシアの人口*は1億*9,000万人ぐらいです。1年で4月がいちばん暑いです。10月から3月まで雨が多いです。

　インドネシアで有名な所はバリです。外国からたくさん人が旅行に来ます。

③ インドネシアはとてもいい所です。皆さん、遊びに来てください*。

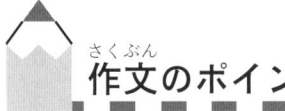
作文のポイント

例 インドネシアにスマトラやボルネオやジャワなど、島がたくさんあります。ジャワに首都のジャカルタがあります。ジャカルタはとてもにぎやかです。

→インドネシアに<u>スマトラ</u>や<u>ボルネオ</u>や<u>ジャワ</u>など、島がたくさんあります。ジャワには、首都のジャカルタがあります。ジャカルタはとてもにぎやかです。

➡ インドネシアにスマトラやボルネオやジャワなど、島がたくさんあります。ジャワには首都のジャカルタがあります。ジャカルタはとてもにぎやかです。

問題

1) 日本は京都や奈良など古い町が多いです。
奈良に世界でいちばん古い木のお寺*があります。人がたくさんお寺を見に行きます。

→ _____

_____

2) わたしは来週、東京と横浜へ旅行に行きます。
東京で買い物します。それから、友達に会います。

→ _____

_____

3）わたしの町に図書館や美術館や公園があります。

　　図書館に本やビデオテープがたくさんあります。

　　わたしは時々借りに行きます。

　　→ _____
　　　_____

4）わたしの町に _____ や _____ や _____ が
　　　　　　　　　　(A)　　　　　　　(B)　　　　　　　(C)

　　あります。

　　_____ に _____ があります。
　　　(A/B/C)

　　→ _____
　　　_____

関連語彙

1,000万＝10,000,000

1億＝100,000,000

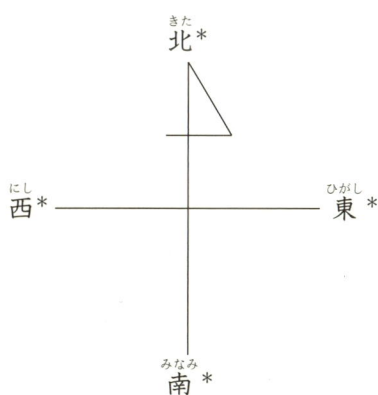

北＊

西＊ ———————————— 東＊

南＊

作文メモ

| わたしの国／町は_____です。 |

↓

首都はどこですか。	
人口は何人ですか。	
どんな気候*ですか。	
有名な食べ物は何ですか。	
有名な所はどこですか。	

↓

例) わたしの町は小さいですが、町の人はとても親切です。

 **書(か)きましょう**

わたしの _____ 名前(なまえ)

地図(ちず)*／写真(しゃしん)／絵(え)

①

②

③

ユニット 4　わたしの家族

フローチャート

① わたしの家族は〜人です。
　〜と〜がいます。

↓

② （家族の一人一人を紹介）
　父は〜
　母は〜
　　　　⋮

↓

③ （家族についての全体的なコメント）
　わたしの家族は、〜

モデル文

① わたしの家族は4人です。父と母と妹がいます。わたしたちはオーストラリアのシドニーに住んでいます。

② 父は会社員で、うちの近くの会社で働いています。毎朝、早く起きて、近くの公園を散歩します。59歳ですが、とても元気です。
　母は日本料理が上手です。母のてんぷらはとてもおいしいです。わたしは時々、母と料理を作ります。
　妹は今、銀行で働いています。スポーツが好きで、休みの日*は、よく*友達とテニスをします。

③ わたしの家族はみんな旅行が好きです。毎年*、いっしょにいろいろな所へ行きます。わたしはいつも楽しみにしています*。

作文のポイント

例1 ①父は59歳です。＋②父はうちの近くの会社で働いています。
→ 父は59歳で、父はうちの近くの会社で働いています。

➡ 父は59歳で、うちの近くの会社で働いています。

例2 ①父はうちの近くの会社で働いています。
＋②父は毎朝8時に会社へ行きます。
→父はうちの近くの会社で働いていて、父は毎朝8時に会社へ行きます。

➡ 父はうちの近くの会社で働いていて、毎朝8時に会社へ行きます。

問題

1) 母は主婦＊です。＋母は料理がとても上手です。

→ _____

_____

2) 姉は結婚しています。＋姉は子どもが3人います。

→ _____

_____

3）この会社はコンピューターを作っています。＋この会社はアメリカに事務所があります。

→ _____
_____

4）わたしの日本語の先生は_____。
＋わたしの日本語の先生は_____。

→ _____
_____

関連語彙

＜わたしの家族＞

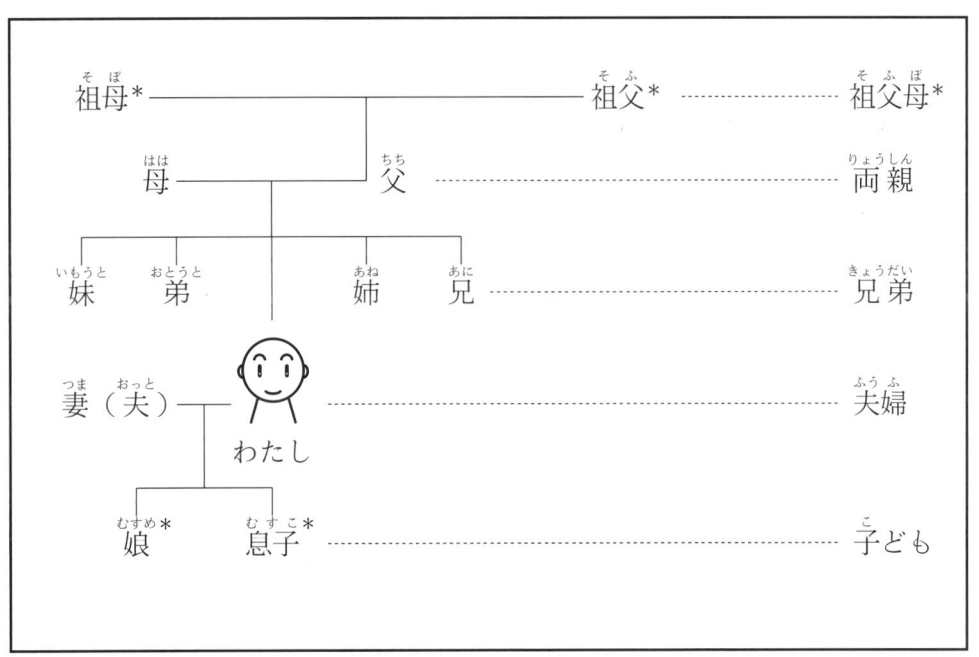

作文メモ

あなたの家族は何人ですか。
わたしの家族は_____人です。_____と
_____がいます。

↓

家族	⇒どんな人ですか。
例）父	⇒55歳で、学校で英語を教えています。テニスとカラオケが好きです。時々お酒を飲みます。

↓

あなたの家族はどんな家族ですか。

 **書きましょう**

わたしの家族　　名前 _____

家族の写真／絵

①

②

③

ユニット4……25

ユニット 5　週末

フローチャート

① （週末に主にしたことについて）
わたしは〜ました。

↓

② （週末にしたことを詳しく説明）
（具体的な内容１）→（それについてのコメント）
（具体的な内容２）→（それについてのコメント）
　　　　　　　：

↓

③ （週末についての全体的なコメント）

モデル文

①　わたしは先週の土曜日、友達の加藤さんのうちへホームステイ*に行きました。

②　加藤さんの家族は3人です。加藤さんと奥さんとお子さん*です。
土曜日の夜、いっしょに日本料理を作って、食べました。とてもおいしかったです。ごはんを食べてから、ゲーム*をしたり、歌を歌ったりしました。加藤さんはタイへ行ったことがあります。ですから、タイ語を少し話すことができます。
日曜日、わたしたちは電車で京都へ行きました。夏休みですから、人がたくさんいました。午後、古いお寺を見に行きました。そこ*は静かで、とても涼しかったです。わたしたちは庭でいっしょに写真を撮りました。それから、お土産を買って、午後5時ごろ寮へ帰りました。

③　少し疲れましたが、とても楽しい週末でした。

作文のポイント

例 古いお寺へ行きました。
　　　古いお寺 は静かで、とても涼しかったです。
　　　↓
　　　○そこ
　　　×あそこ
　　➡ 古いお寺へ行きました。そこは静かで、とても涼しかったです。

問題

1) 神戸のインド料理のレストランへ行きました。
　　インド料理のレストランで友達に会いました。
　　→ _____

2) 駅の前に男の人がいました。
　　わたしは男の人に道を聞きました*。
　　→ _____

3) 妹にわたしの大切な本を貸しました。
　　妹はわたしの大切な本をなくしました。
　　→ _____

4）わたしは＿＿＿＿＿＿に＿＿＿＿＿＿＿＿をもらいました。
　　　　　（人）　　　　　　　（物）

　＿＿＿＿＿＿＿＿は＿＿＿＿＿＿＿＿にあります。
　　　　（物）　　　　　　　（場所＊）

→＿＿＿＿＿＿＿＿＿＿＿＿＿＿＿＿＿＿＿＿＿＿＿＿＿＿
　＿＿＿＿＿＿＿＿＿＿＿＿＿＿＿＿＿＿＿＿＿＿＿＿＿＿

質問

あなたは週末に何をしましたか。どうでしたか。

例

土曜日

日曜日

作文メモ

週末に何をしましたか。
例）寮で友達とパーティーをしたり、テニスをしたりしました。

↓

何をしましたか。
例）土曜日の夜、寮の食堂でパーティーをしました。そこでいろいろな国の歌を聞きました。それから、ダンスをしました。
日曜日、友達とテニスをしました。

⇒ どうでしたか。

⇒ とてもおもしろかったです。
⇒ 友達はわたしよりずっと上手でした。

↓

週末はどうでしたか。
例）忙しかったですが、楽しい週末でした。

 **書きましょう**

週末　　名前

絵／写真／記念*の切符など

①

②

③

ユニット 6 はがき

フローチャート

① お元気ですか。

↓

② （最近の様子について／用件）

↓

③ さようなら。

モデル文1　旅先*で

① 田中さん、お元気ですか。

② 　わたしは今、広島にいます。サリーさんと旅行しています。きのうは宮島へ行きました。いい天気で、海がとてもきれいでした。
　きょうは紅葉を見に行きました。昼に紅葉のてんぷらを食べました。とてもおいしかったです。田中さんは食べたことがありますか。広島でおいしいお土産を買いましたから、来週持って行きます。

③ それでは*、また。さようなら。

　　　　　　　　　　　　　　　　　　10月15日
　　　　　　　　　　　　　　　　広島にて*　　リー

モデル文2　簡単なお礼状*

〒101-0064

東京都千代田区猿楽町2-6-3

門脇　薫*様
家族の皆様

こんにちは、皆さんお元気ですか。
この間はどうもありがとうございました。
わたしは初めて*ホームステイをしました。奥さんが作った料理はとてもおいしかったです。そして家族の皆さんもとても親切で、ほんとうに楽しかったです。あとで皆さんに写真を送ります。
毎日寒いですから、体に気*をつけてください。
さようなら。

二月二十二日

陳　栄来

モデル文3　友達に近況報告*

　毎日暑いですが、お元気ですか。わたしは先週四国*へキャンプ*に行きました。川で泳いだり、釣りをしたりしました。涼しくてよかったですよ。今度*いっしょに行きませんか。連絡*を待っています。
　それではさようなら。
7月25日

650-0001
兵庫県神戸市中央区
加納町2-7-15
西馬　かおる様

サム・マーティン

50

手紙の形式＊と表現＊（１）

＜手紙のあて名＊の書き方＞

山田一郎様
家族の皆様

田中友子先生

○○会社＊御中

田中＊様方
イ　ヘスク様

ワンシュエ＊行

＜封筒の縦書き＊の例＞

□□□-□□□□
東京都千代田区猿楽町 2-6-3
門脇　薫様

大阪市住吉区……
陳　栄来

関連語彙

追伸＊
～を別便で送ります＊
～を同封します＊

 **書きましょう**

名前 _____

50

ユニット 7　プレゼント

フローチャート

① （心に残るプレゼントについて）
　～に～があります。／わたしの大切なプレゼントは～です。

↓

② （プレゼントをもらった日について）

↓

③ （そのプレゼントについて今思っていること）

モデル文

① わたしの机の上にかわいい*オルゴール*があります。それ*は友達の木村さんにもらった物です。

② 去年の誕生日に木村さんと大阪のレストランへ行きました。海の近くにある静かな所でした。
　レストランでごはんを食べて、コーヒーを飲んでいるとき、店の人たち*が来て、誕生日の歌を歌ってくれました。わたしは少しびっくりしました*。それから、木村さんがわたしにプレゼントをくれました。箱を開けると*、オルゴールでした。わたしは「わあ*、かわいい。どうもありがとう」と言いました。ほんとうにうれしかった*です。

③ わたしは寂しいとき、よくオルゴールを聞きます。オルゴールを聞くと、優しい*木村さんを思い出します。

作文のポイント

例1 （プレゼントをもらいました。）

箱を開けました。＋オルゴールでした。

→ 箱を開ける<u>と</u>、オルゴール<u>でした</u>。
　　　　　　　　　　　　　過去形＊

例2 （朝、起きました。）

外を見ました。＋雪が降っていました。

→ 外を見る<u>と</u>、雪が<u>降っていました</u>。
　　　　　　　　　　　　過去形

問題

1) 朝起きて、時計を見ました。

　＋もう9時でした。

　→ _____
　　 _____

2) ドアを開けました。

　＋知らない子どもがいました。

　→ _____
　　 _____

3） 電車に乗りました。
　　＋子どもがたくさんいました。
　　→＿＿＿＿＿＿＿＿＿＿＿＿＿＿＿＿＿
　　　＿＿＿＿＿＿＿＿＿＿＿＿＿＿＿＿＿

4）（友達と映画を見に行きました。
　　映画を見ているとき…）
　　隣に座っている友達を見ました。
　　＋＿＿＿＿＿＿＿＿＿＿＿＿＿＿＿＿＿
　　→＿＿＿＿＿＿＿＿＿＿＿＿＿＿＿＿＿
　　　＿＿＿＿＿＿＿＿＿＿＿＿＿＿＿＿＿

みんなで話しましょう

質問

1）あなたは今までだれに、どんな物をもらいましたか。
2）その中でいちばん大切な物は何ですか。
3）それは今、どこにありますか。

作文メモ

今までもらったプレゼントの中で、大切なプレゼントは何ですか。
例）赤いかばんです。

それはだれにもらいましたか。
例）クリスマスに夫に買ってもらいました。

↓

プレゼントをもらった日について書いてください。
例）去年のクリスマスに夫と買い物に行ったとき、夫が「クリスマスプレゼントだよ」と言って、買ってくれました。ほんとうにうれしかったです。

↓

そのプレゼントについて思っていることを書いてください。
例）夫が買ってくれたかばんを見ると、うれしくなります。大切に*使いたいと思います。

書^かきましょう

プレゼント　　名前^{なまえ}

①

②

③

ユニット7……43

ユニット 8　旅行

フローチャート

① ～へ行きました。

↓

② （行った所について順に説明）
まず～へ行きました。
次に～へ行きました。
それから～へ行きました。

↓

③ （旅行についての全体的なコメント）

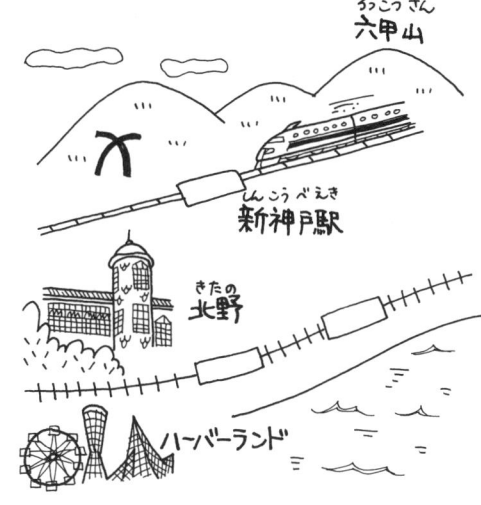

モデル文

① 　ことしの夏、わたしは友達と初めて神戸へ行きました。

② 　新神戸駅に着いて、まず北野へ行きました。そこ*には、外国人が昔住んでいた大きくて、きれいな家がたくさんありました。わたしたちは家の中を見学したり、写真を撮ったりしました。
　次に六甲山へ行きました。六甲山はとてもきれいで、山の上から神戸の町や海がよく見えました。隣にいた人が「天気がいい日には、大阪の町もはっきり見えますよ」と言って、教えてくれました。
　それから、港*の近くにあるハーバーランド*へ行きました。ハーバーランドは、いろいろな店やすてきなレストランがたくさんある所です。わたしたちはそこで海を見ながら晩ごはんを食べました。
　次の日の朝、新幹線で東京へ帰りました。

③ 　とても短い旅行でしたが、山も海もきれいだったし、おいしい料理も食べられたし、ぜひもう一度神戸へ行きたいと思います。

作文のポイント

例 (神戸の町を見ます。)
- ハーバーランドへ行きました。(午後6時) ・北野へ行きました。(午前11時)
- 六甲山へ行きました。(午後3時)

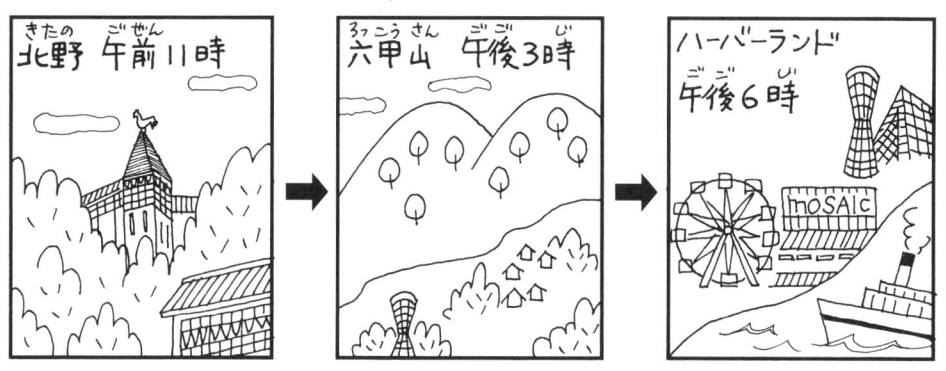

➡ まず北野へ行って、次に六甲山へ行って、それからハーバーランドへ行きました。

問題

1) (銀行でお金を引き出します*。)
- キャッシュカードを入れます。 ・「お引き出し」のボタンを押します。
- 暗証番号と金額を押します。

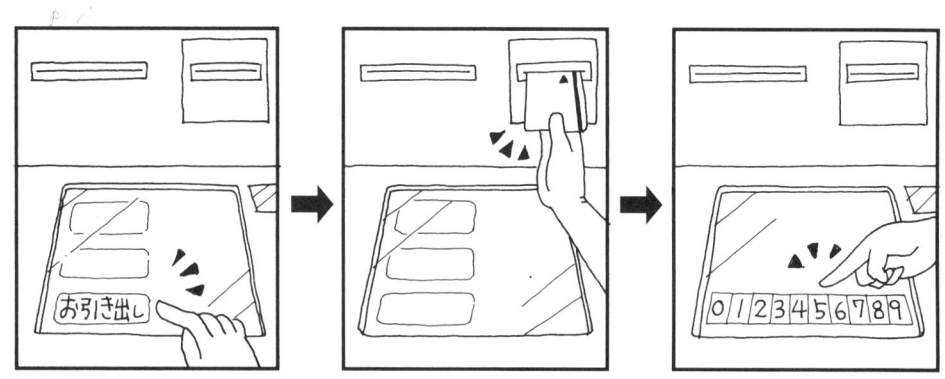

→ _____

2) （日本のお茶を飲みます。）

・飲みます。・おちゃわんを2回回します。・右手でおちゃわんを取って左手に載せます*。

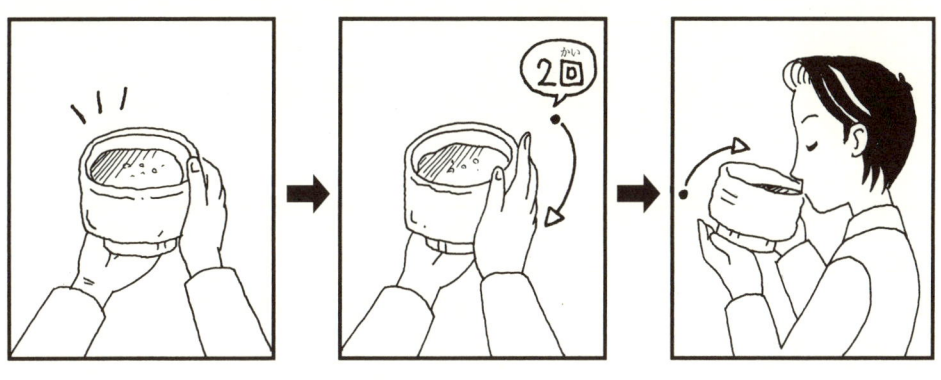

→ _____

3) 質問：朝起きてから、何をしますか。

→ _____

> みんなで
> 話しましょう

質問
1) 今まで旅行に行った所でどこがよかったですか。
   だれと行きましたか。いつ行きましたか。
2) どこへ旅行に行きたいですか。

 # 作文メモ

いつ・どこへ・だれと旅行に行きましたか。
例）この間、大阪へ友達と旅行に行きました。

↓

場所（1） 例）まず大阪城公園へ行きました。	⇨どんな所ですか。そこで何をしましたか。 ⇨例）桜がきれいな所です。写真を撮りました。
場所（2） 例）次に日本橋へ行きました。	⇨どんな所ですか。そこで何をしましたか。 ⇨例）日本橋は安い電気製品を売っている所です。わたしはいろいろなパソコンを見ました。
場所（3） 例）それから梅田へ行きました。	⇨どんな所ですか。そこで何をしましたか。 ⇨例）人や店が多くて、にぎやかな所です。わたしたちはデパートのレストランで晩ごはんを食べました。

↓

旅行について思ったこと／考えたことを書いてください。
例）大阪は3回目でしたが、今回*がいちばんおもしろかったです。

 **書きましょう**

旅行　　名前

①

②

③

ユニット 9 もしわたしが 2 人いたら

フローチャート

① もし〜たら、いろいろなことができる／いろいろなことをしたいと思います。

↓

② （できること／したいことの具体例）
例えば〜
また〜
それから〜

↓

③ （全体的なコメント）

モデル文

① もしわたしが 2 人いたら、いろいろなことができると思います。

② 例えば*彼女とデート*の約束があるとき、わたしの代わりに*残業してもらうことができます。わたしはいつも約束の時間に遅れますが、これからはきっと間に合うでしょう。
　また*わたしが野球の試合でけがをしても、もう 1 人のわたしが出て*くれますから、大丈夫だと思います。
　それからうちの掃除や洗濯も手伝ってもらいたいです。いっしょにやったら、すぐ終わりますから、わたしは自分の時間がたくさん作れるかもしれません。

③ ですから、もう 1 人のわたしがほんとうにいたら、生活はずっとおもしろくなると思います。

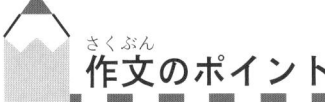

作文のポイント

例　もしわたしが2人いたら、いろいろなことができると思います。
　　①デートがあるとき、わたしの代わりに残業してもらうことができます。
　　②野球の試合でけがをしても、もう1人のわたしが出てくれますから、大丈夫だと思います。
　　③うちの掃除も手伝ってもらいたいです。

→　例えばデートがあるとき、わたしの代わりに残業してもらうことができます。また野球の試合でけがをしても、もう1人のわたしが出てくれますから、大丈夫だと思います。それからうちの掃除も手伝ってもらいたいです。

問題

1) 日本には有名な物がたくさんあります。

例えば_____があります。
また_____もあります。
それから_____もあります。

2）わたしは旅行が好きですから、いろいろな所へ行きたいです。

例えば＿＿＿＿＿＿＿＿＿＿＿へ
行きたいです。
また＿＿＿＿＿＿＿＿＿＿＿も
行きたいです。
それから＿＿＿＿＿＿＿＿＿も
行きたいです。

3）もし時間があったら、したいことがたくさんあります。

例えば＿＿＿＿を＿＿＿＿
たいです。
また＿＿＿＿も＿＿＿＿
もたいです。
それから、＿＿＿＿も
たいです。

4）もしお金がたくさんあったら、いろいろなことができます。
　→ 例えば ＿＿＿＿＿＿＿＿＿＿＿＿＿＿＿＿＿＿＿＿
　　また ＿＿＿＿＿＿＿＿＿＿＿＿＿＿＿＿＿＿＿＿＿
　　それから ＿＿＿＿＿＿＿＿＿＿＿＿＿＿＿＿＿＿＿

みんなで話しましょう

作文メモ

例）もし時間がたくさんあったら、いろいろなことをしたいと思います。

もし_____たら、

いろいろ_____と思います。

↓

例）例えば図書館へ行って、1日ずっと好きな本を読みたいです。

例）またなかなか会えない友達にも会いたいです。そして、いっしょに海で釣りをしながら話したいです。

例）それから、家族みんなで世界旅行にも行きたいです。いろいろな国の人と友達になれたら、きっとおもしろいでしょう。

↓

例）こんなことは夢かもしれませんが、ほんとうに時間がたくさんあったらいいと思います。

 書きましょう

もし　　　　　　　たら

名前

①

②

③

ユニット10 趣味

フローチャート

① （わたしの趣味／好きなこと）

↓

② （趣味に関係するある日のできごとについて）

↓

③ （趣味についての全体的なコメント）

モデル文

① 　暇なとき、わたしはよくギター*を弾きます。大学生*のときに始めてから、もう2年になります。でも、まだ少ししか弾けません。

② 　この間、会社の中村さんとクラシックギターのコンサートに行きました。コンサートのチケットは高いですから、わたしはあまり行きませんが、中村さんはよく行っています。
　コンサートは夜7時に始まりました。とてもたくさんの人でした。演奏*が始まると、みんな静かになりました。いろいろな曲の中には、知らない曲もありましたが、中村さんが説明してくれました。
　弾いていた人はあまり有名な人ではありませんでしたが、ギターのきれいな音にとても感動しました*。

③ 　クラシックギターは、練習すればするほどおもしろくなります。これからもっと練習して、わたしもいつかコンサートで弾きたいと思います。

作文のポイント

例 コンサートのチケットは高いです。＋わたしはあまり行きません。
＋中村さんはよく行っています。（～から、～が、～）

→ コンサートのチケットは高いですから、わたしはあまり行きませんが、中村さんはよく行っています。

問題

1) 日本語の勉強はおもしろいです。＋毎日勉強しています。＋なかなか上手になりません。（～から、～が、～）

　→ _____

2) わたしは夏休みに友達と旅行に行きました。＋アルバイトをしました。＋日本語は全然勉強しませんでした。（～たり、～たり～が、～）

　→ _____

3) 急いで会議の資料を作りました。＋コピーをしました。＋会議に間に合いませんでした。（～て、～が、～）

　→ _____

4) わたしは旅行が好きです。＋大学生のとき、いろいろな所へ行きました。＋今は旅行する時間がありません。（　　？　　）

→ _____

_____

みんなで話しましょう

質問

1) あなたが好きなことは何ですか。
2) いつ始めましたか。
3) 今どのくらいしますか。

作文メモ

あなたが好きなことは何ですか。
例）旅行です。

いつ始めましたか。
例）大学生のときです。

↓

ある*日／あるできごと*について書いてください。
例）先月、北海道へ雪祭りを見に行きました。雪で作った動物や建物がたくさんありました。夜、日本のお酒を飲みながら、すしや刺身を食べました。景色もきれいだったし、料理もおいしかったし、とてもいい旅行でした。

↓

趣味について思っていること／これからの予定を書いてください。
例）次の休みには、海外へ旅行に行こうと思っています。今からその旅行が楽しみです。

 **書きましょう**

趣味　　名前

①

②

③

ユニット10……61

ユニット11 楽しい1日

フローチャート

① ～は～1日でした。それは、～からです。
　↓
② （ある日についての具体的な内容）
　↓
③ （全体的なコメント）

モデル文

① 　きのうはほんとうに楽しい1日でした。それは初めてスキーをしたからです*。

② 　おとといの夜、大阪駅から夜行バスに乗って、きのうの朝、志賀高原のスキー場に着きました。バスを降りたとき、雪が降っていました。わたしは雪を見るのは初めてでしたから、とてもうれしかった*です。
　すぐ服を着替えて*、スキーの練習を始めました。初めはなかなか上手に滑れませんでした*が、だんだん滑れるようになりました。そして、午後にはリフト*に乗って山の上まで行きました。何回も転びました*が、下まで滑るのは気持ちがよかったです。いっしょに行った友達に「アランさん、ほんとうに上手になったね」と褒められました。

③ 　スキーをするのは難しかったですが、いい経験になりました。チャンスがあったら、またスキーをしたいと思いました。

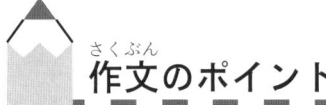
作文のポイント

例 きのうは初めてスキーをしましたから、楽しい1日でした。

→きのうは楽しい1日でした。それは初めてスキーをしたからです。
　　　　　　　　　　　　　　　　　　　　普通形*

➡ きのうは楽しい1日でした。それは初めてスキーをしたからです。

問題

1) 先週の日曜日は友達とパーティーをしました。とても楽しい1日でした。

　→＿＿＿＿＿＿＿＿＿＿＿＿＿＿＿＿＿＿＿＿＿＿＿＿＿＿＿＿＿＿

　　それは＿＿＿＿＿＿＿＿＿＿＿＿＿＿＿＿＿＿＿＿＿＿からです。

2) わたしは大切な書類をなくしました。課長にしかられました。

　→＿＿＿＿＿＿＿＿＿＿＿＿＿＿＿＿＿＿＿＿＿＿＿＿＿＿＿＿＿＿

　　それは＿＿＿＿＿＿＿＿＿＿＿＿＿＿＿＿＿＿＿＿＿＿からです。

3) ことしの夏休みは旅行に行ったり、アルバイトをしたりしました。忙しい夏休みでした。

　→＿＿＿＿＿＿＿＿＿＿＿＿＿＿＿＿＿＿＿＿＿＿＿＿＿＿＿＿＿＿

　　それは＿＿＿＿＿＿＿＿＿＿＿＿＿＿＿＿＿＿＿＿＿＿からです。

4) 去年の誕生日は＿＿＿＿＿＿＿＿＿＿＿＿＿＿＿＿＿＿＿＿＿＿。
とても嫌な*1日でした。

　→＿＿＿＿＿＿＿＿＿＿＿＿＿＿＿＿＿＿＿＿＿＿＿＿＿＿＿＿＿＿

　　それは＿＿＿＿＿＿＿＿＿＿＿＿＿＿＿＿＿＿＿＿＿＿からです。

> みんなで話しましょう

楽しい1日　　　嫌な1日

質問

1) それはいつですか。

2) どうしてですか。

作文メモ

例）去年の誕生日は嫌な1日でした。それは財布をとられたからです。

＿＿＿＿＿＿＿＿＿＿は＿＿＿＿＿＿＿＿＿＿＿＿＿＿＿＿1日でした。

それは＿＿＿＿＿＿＿＿＿＿＿＿＿＿＿＿＿＿＿＿＿＿＿＿＿＿＿＿＿

からです。

↓

その日について詳しく*書いてください。	⇒どう思いましたか。
例）その日、彼と映画を見に行きました。映画が終わって、外へ出たとき、財布をとられたことに気がつきました。	⇒例）財布の中には、お金や大切なカードが入っていましたから、とても困りました。

↓

その日、思ったこと／考えたことを書いてください。
例）日本は安全だ*と思っていましたが、気をつけなければならないと思いました。

書きましょう

_____ 1日

名前 _____

①

②

③

ユニット11……67

ユニット12 日本でびっくりしたこと

フローチャート

① （日本でびっくりしたこと/もの）
　↓
② （びっくりしたこと/ものについての具体的内容）
　↓
③ （全体的なコメント）

モデル文

① わたしは日本へ来てから10か月になります。日本はわたしの国とずいぶん違うので、びっくりしましたが*、いちばんびっくりしたのはサラリーマンです。

② 先週の金曜日の夜、11時ごろ地下鉄に乗りました。電車の中にはサラリーマンがたくさんいました。酔っ払っている*人や、大きい声で電話をかけている人がいて、うるさかったです。それに、お酒を飲みすぎて*、いすの上で寝ている人もいました。
　朝の電車の中では、みんな本や新聞を読んでいて、とても静かです。夜の電車は朝の電車と様子が全然違うので、ほんとうにびっくりしました。

③ 日本のサラリーマンは仕事が大変で、ストレスが多いと思います。でも、飲みすぎて、ほかの人に迷惑をかける*のはよくないです。

作文のポイント

例 日本はわたしの国とずいぶん違うので、びっくりしました。＋いちばんびっくりしたのはサラリーマンです。

→ 日本はわたしの国とずいぶん違うので、びっくりしましたが、いちばんびっくりしたのはサラリーマンです。

問題

1) いろいろな日本料理を食べました。＋いちばんおいしかったのはすき焼きです。

→ _____

_____

_____

2) 来週東京へ旅行に行きます。＋初めに行くのはディズニーランドです。

→ _____

_____

3）日本でいろいろな経験をしました。＋いちばんおもしろかったのはスキーです。

→ _____

_____

4）わたしはスポーツが好きです。＋_____ のは
_____ です。

→ _____

みんなで話しましょう

質問

1）日本でびっくりしたのは何ですか。3つ考えてください。

① _____

② _____

③ _____

2）①〜③で、いちばんびっくりしたのは何ですか。

_____

作文メモ

例）日本へ来て、いろいろな経験をしましたが、いちばんびっくりしたのはタクシー代です。

_____が、いちばんびっくりしたのは_____です。

⬇

経験したときのことを詳しく*書いてください。
例）初めて日本へ来た日に、空港から寮までタクシーに乗りました。降りるとき、タクシー代が高かったので、お金が払えなくて困りました。

⬇

そのときの経験について、意見や感想*を書いてください。
例）わたしの国では、タクシー代は日本よりずっと安いです。日本では、タクシー代や電話代や食べ物など何でも高いので、大変です。

 **書きましょう**

日本でびっくりしたこと

名前 _____

①

②

③

ユニット13 わたしの夢

フローチャート

① わたしは今、〜ために、日本語を勉強しています。

↓

② (日本語を勉強し始めた動機／経緯)
(現在の状況)

↓

③ (将来の希望／計画)

モデル文

① わたしは今、日本のアニメ*の専門学校*に入るために、日本語を勉強しています。

② 子どものとき、近所に日本人の家族が住んでいて、その*子どもたちによく漫画の本を貸してもらいました。もちろん日本語はわかりませんでしたが、わたしは絵をかくのが好きだったので、いつも漫画の本を見ていました。そして、いつか日本でアニメの仕事をしたいと思いました。
　高校を卒業してから、友達はみんな大学へ行ったり、会社で働いたりしました。でも、わたしは日本の新しいアニメの技術を習いたいと思ったので、お金を貯めて*、日本へ来たのです*。
　それで今、大阪の日本語学校で毎日日本語を勉強しています。

③ わたしは将来、ほんとうにアニメの仕事ができるかどうか、わかりませんが、頑張ってみようと思っています。

作文のポイント

例（今、大阪の日本語学校で日本語を勉強しています。）
日本で新しいアニメの技術を習いたいと思いました。＋日本へ来ました。

→ 日本で新しいアニメの技術を習いたいと思ったので、日本へ来たのです。
普通形 / 普通形＊

問題

1）（毎週土曜日、コンピューターを習っています。）
新しい仕事を始めたいと思いました。＋コンピューターを習っています。
→ _____

2）（毎朝1時間ジョギングをしています。）
マラソン大会に出ようと思いました。＋ジョギングを始めました。
→ _____

3）（今、いろいろな国を旅行しています。）
自分の目で世界を見たいと思いました。＋いろいろな国を旅行しています。
→ _____

4）（毎月2万円ずつ貯金しています。）

→ _____

_____

みんなで話しましょう

質問
1) 日本語の勉強を始めたのはいつですか。
2) 将来、どんなことをしたいと思っていますか。

作文メモ

日本語を勉強する目的を書いてください。
例）わたしは今、日本の大学に入るために、日本語を勉強しています。

わたしは今、_____ために、
日本語を勉強しています。

↓

日本／日本語に興味を持った*理由を書いてください。
例）父が日本へ出張したときに、日本のカメラを買って来てくれました。日本語の説明書が読めなくて困ったので、そのときから日本語の勉強を始めたのです。

今まで／今の日本語の勉強の様子について書いてください。
例）今は、日本でホームステイをしていて、毎日日本語を練習しています。でも、家族のみんなは大阪弁を話すので、少しわかりにくいです。

↓

将来の希望／計画*について書いてください。
例）これから、日本の文化や習慣についてもっと知りたいです。そして、大学に入ったら、国際関係について勉強したいと思っています。

 **書きましょう**

わたしの夢　名前

①

②

③

ユニット14 隣の人にひとこと*

フローチャート

① （わたしとひとこと言いたい人との関係）

↓

② （ある日のできごとについて／その人にひとこと言いたい理由）

↓

③ （意見）
～てほしいと思います。／
～ないでほしいと思います。

モデル文

① わたしは先月、さくらアパートに引っ越ししたばかりです。さくらアパートは近くに公園があって、静かな所にあります。隣に住んでいる人は学生のようですが、あまり話したことがありません。

② この間寝ていると*、とても大きな音が聞こえて、目が覚めて*しまいました。時計を見ると、もう夜中*の2時でした。隣の部屋から音楽や大きな声が聞こえました。どうも隣の部屋でパーティーをやっているようでした。
　わたしは隣の人に「静かにして」と言いに行きました。それから、しばらく静かになりましたが、また大きな声が聞こえました。アパートに住んでいるほかの人も、うるさくて、寝られなかったと思います。

③ 夜遅く騒ぐのは、ほかの人の迷惑*になります。ですから、夜中のパーティーはやめてほしい*と思います。

作文のポイント

例　(隣の人が夜遅くまで騒いでいます。うるさくて、寝られません。)

→ 夜中のパーティーはやめてほしいと思います。

→ 夜中に騒がないでほしいと思います。

問題

1) (学生が電車の中で大きな声で話しています。)

→ ＿＿＿＿＿＿＿＿＿＿＿＿＿＿＿＿＿＿てほしいと思います。

→ ＿＿＿＿＿＿＿＿＿＿＿＿＿＿＿＿＿＿ないでほしいと思います。

2) (病院でたばこを吸っている人がいます。)

→ ＿＿＿＿＿＿＿＿＿＿＿＿＿＿＿＿＿＿てほしいと思います。

→ ＿＿＿＿＿＿＿＿＿＿＿＿＿＿＿＿＿＿ないでほしいと思います。

3) (弟は大学に入るために、一生懸命勉強しています。)

→ ＿＿＿＿＿＿＿＿＿＿＿＿＿＿＿＿＿＿てほしいと思います。

4) (＿＿＿＿＿＿＿＿＿＿＿＿＿＿＿＿＿＿人がいます。)

→ ＿＿＿＿＿＿＿＿＿＿＿＿＿＿＿＿＿＿＿＿＿

みんなで話しましょう

質問

1) あなたはだれにひとこと言いたいですか。
2) それはどうしてですか。

作文メモ

ひとこと言いたい人はだれですか。
　例）わたしが働いている会社の課長

ある日のできごと*／その人の様子や行動*について
　例）わたしは5年まえに、今の会社に入りましたが、課長はいつもわたしに「恋人いる？」
　　　とか、「結婚はいつ？」とか聞きます。

あなたの意見を書いてください。
　例）わたしは働くために、会社へ来ているので、仕事と関係がないことは聞かないでほしいと
　　　思います。

　　　　　　　　　　　_____ほしいと思います。

 **書きましょう**

_____にひとこと

名前 _____

①

②

③

ユニット14......85

ユニット15 手紙

フローチャート

① （始めのあいさつ）

↓

② （近況報告、お礼、依頼など具体的な内容）

↓

③ （終わりのあいさつ）

モデル文1　近況報告*

① 拝啓*　毎日寒い日が続きますが、先生お元気ですか。

② 　金沢へ来てから、もう1年が過ぎました。こちらへ来たばかりのころは、なかなか友達ができなくて、ずいぶん寂しかったです。でも、今は日本人の友達もできて、大学生活を楽しんでいます。
　金沢の冬は大阪よりずっと寒いですが、雪の日の兼六園はとてもきれいです。この間、友達と行って来ました。
　金沢には、おいしい物もたくさんあって、温泉でゆっくり休むこともできますので、先生もぜひ一度いらっしゃってください。ご連絡をいただければ、いつでもご案内いたします。

③ 　それでは*、しばらく寒い日が続きますが、お体に気をつけてください。

敬具*

1999年2月10日

金祥圭（キム サン ギュ）

山本先生

モデル文2　お礼*の手紙

① 拝啓　急に寒くなりましたが、お元気ですか。もっと早くお手紙を書こうと思っておりましたが、遅くなって申し訳ありません。

②　先日は京都の町を案内していただいて、どうもありがとうございました。
　秋の紅葉のすばらしい景色が見られて、よかったです。そして、おいしい京都の料理をごちそうして*いただいて、ほんとうにありがとうございました。
　同じ寮に住んでいる留学生の友達と、先生がくださったお菓子をいただきました。食べながら、楽しかった旅行を思い出しました。今回*の旅行では、ほんとうにいろいろお世話になりました。

③　これからだんだん寒くなりますが、お体を大切になさってください。
　また先生にお会いできる日を楽しみにしております。ご家族の皆様にもよろしくお伝えください。
　　　　　　　　　　　　　　　　　　　　　　　　　　　敬具
　1999年11月19日
　　　　　　　　　　　　　　　　　　　　　　　　マーク・スミス

加藤先生

モデル文3　依頼*の手紙

① 拝啓　梅雨*の季節になりましたが、先生お変わりありませんか*。

② 　わたしは大学4年生*になってから、卒業論文の準備や就職活動*で忙しい毎日を過ごしております。卒業したら、日本でコンピューター関係の仕事をしたいと思っております。それで、夏休みにいろいろな会社の試験を受けに行くつもりですが、そのまえに、そこ*で働いている人の話を伺いたいのです。
　できれば*、ご存じの方をどなたか紹介していただけませんか。
　お忙しいと思いますが、よろしくお願いいたします。

③ 　これからだんだん暑くなりますが、どうぞお元気で*お過ごしください。

敬具

1999年6月24日

サリー・ウォン

鈴木先生

手紙の形式＊と表現＊(2)

＜始めのあいさつ＞

(季節のあいさつ)
- 暖かく／暑く／涼しく／寒くなりました。
- 桜／紅葉／梅雨の季節になりました。
- 毎日暑い／寒い日が続きます。

(相手の様子)
- お元気ですか。
- お変わりありませんか。

↓　　　↓　　　↓

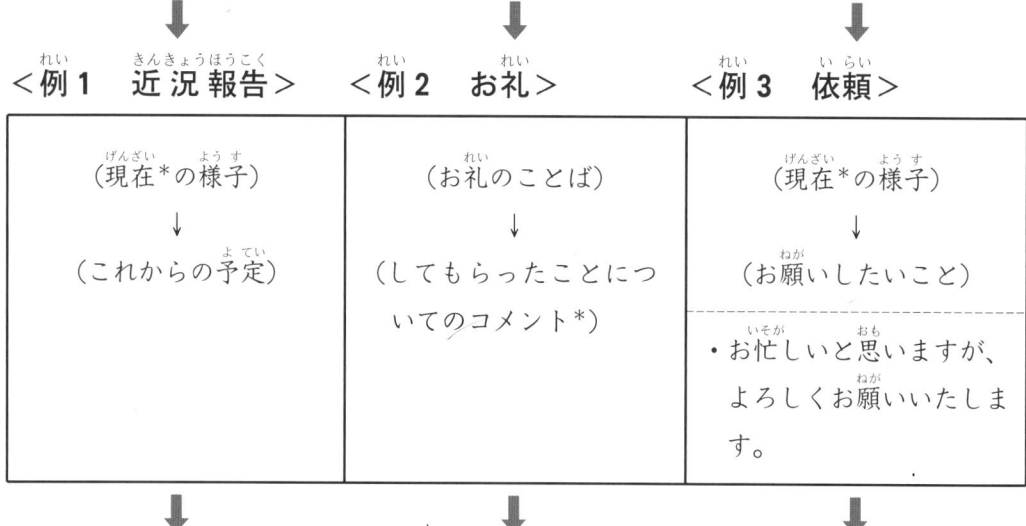

＜例1　近況報告＞
(現在＊の様子)
↓
(これからの予定)

＜例2　お礼＞
(お礼のことば)
↓
(してもらったことについてのコメント＊)

＜例3　依頼＞
(現在＊の様子)
↓
(お願いしたいこと)
- お忙しいと思いますが、よろしくお願いいたします。

↓　　　↓　　　↓

＜終わりのあいさつ＞

- これからだんだん暑く／寒くなりますが、
- しばらく暑い／寒い日が続きますが、

{
- どうぞお体を大切になさってください。
- どうぞお体に気をつけてください。
- どうぞお元気でお過ごしください。
}

- またお会いできる日を楽しみにしています。
- またお便りします＊。
- ご家族の皆様にもよろしくお伝えください。

そのほかのあいさつ状

年賀状

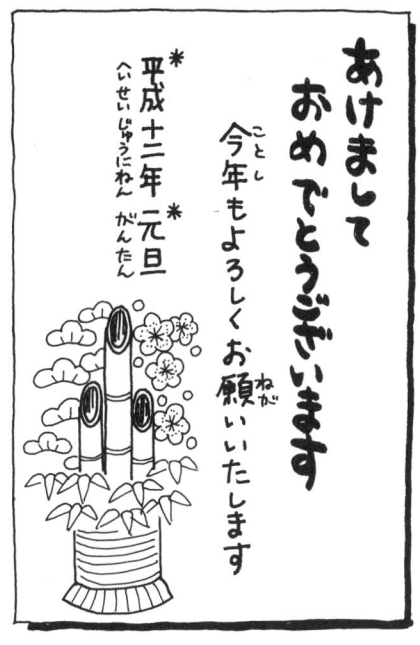

暑中見舞い

クリスマスカード

書きましょう

手紙：先生へ   名前

①

②

③

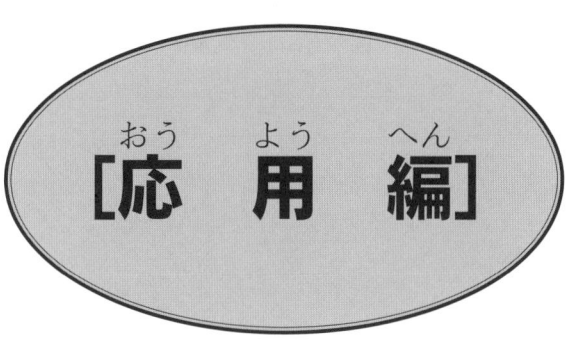

ユニット16 ごみ：国との比較*(1)

フローチャート

① （日本でのできごと：日本のよくない点について）
　↓
　どうして〜のでしょうか。
　↓

② （わたしの国との比較：わたしの国のいい点について）
　↓

③ （日本のよくない点についての意見）

モデル文

① 　わたしの寮の近くにテレビや冷蔵庫など、電気製品がたくさん捨てられています。そんなに古くないのに、どうして捨ててしまうのでしょうか*。

② 　わたしの国では、電気製品はとても高いので、なかなか買えません。ですから、買ったら大切に使って、壊れても、修理します。もし要らなくなったら、欲しい人にあげます。中古*のテレビでも、よく売れています。
　　わたしのうちの洗濯機は、8年まえに、母の友達からもらった物ですが、今でも*大切に毎日使っています。

③ 　日本では、壊れても、修理しないで、新しい物を買う人が多いようです。しかし、そんなことをしていたら、ごみはどんどん*増えるでしょう。ですから、わたしは何でもすぐ捨てないで、もっと大切に使わなければならないと思います。

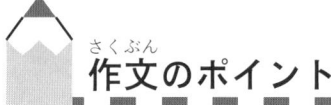
作文のポイント

例（電気製品）
A．わたしの寮の近くにテレビや冷蔵庫など、電気製品がたくさん捨てられています。そんなに古くないのに、どうして捨ててしまうのでしょうか。
B．わたしは物を大切に使わなければならないと思います。
C．わたしの国では、電気製品を大切に使います。

↓

① A．わたしの寮の近くにテレビや冷蔵庫など、電気製品がたくさん捨てられています。そんなに古くないのに、どうして捨ててしまうのでしょうか。
② C．わたしの国では、電気製品を大切に使います。
③ B．わたしは物を大切に使わなければならないと思います。

答え　[A] → [C] → [B]

問題　次のA～Cを正しく並べ替えて*ください。

1）（電車の中）
A．わたしの国では、おじいさんやおばあさんがいたら、すぐ席を譲ります*。
B．この間電車に乗ったとき、おじいさんが立っていたのに、周りの人はだれも席を譲りませんでした。どうしてお年寄り*に席を譲らないのでしょうか。
C．もっとおじいさんやおばあさんに親切にしたほうがいいと思います。

答え　[　] → [　] → [　]

2）（小学生*）
A．隣のうちの子どもは学校が終わったあとでも、塾へ行って勉強しているそうです。どうして日本の小学生はそんなに勉強するのでしょうか。
B．わたしの国では、小学生は学校が終わったら、6時ごろまで外で遊んでいます。
C．子どもはもっと自由に遊んだほうがいいと思います。

答え　[　] → [　] → [　]

3）（漫画）
　A．大勢の人の前で漫画を読むのは恥ずかしいことなので、やめてほしいと思います。
　B．日本では、電車の中や喫茶店で漫画を読んでいる学生やサラリーマンがいます。どうして大人*が漫画を読むのでしょうか。
　C．わたしの国では、漫画は子どもが読む物なので、漫画を読んでいる大人はいません。
　答え　[　　]→[　　]→[　　]

質問

1）日本のよくない点*はどんな点ですか。
2）あなたの国ではどうですか。

作文メモ

日本で経験したこと/できごと*の中で、よくないと思ったことを書いてください。

どうして_____のでしょうか。

あなたの国ではどうですか。

あなたの意見を書いてください。

書きましょう

国との比較：_____

名前_____

①

②

③

ユニット17 交通：国との比較*(2)

フローチャート

① (日本でのできごと：日本のいい点について)
↓
わたしは日本の〜は非常に〜と思います。

② (わたしの国との比較：わたしの国のよくない点について)
↓

③ (わたしの国のよくない点についての意見)

モデル文

① わたしは日本でよく地下鉄に乗りますが、地下鉄は行きたい所へ速く行けるので、とても便利です。駅には自動券売機*があって、簡単に切符が買えます。そして、日本ではいつも電車が時間通りに*来るので、びっくりしました。わたしは日本の地下鉄は非常に*いいと思います。

② タイには、地下鉄がありません。わたしはいつもバスで会社へ行っています。しかし、朝と晩はひどいラッシュで、いつも道が込んでいます。バスに乗っていても、なかなか動きません。そんなときには、歩いている人のほうがバスより速いです。道が込んでいなかったら、うちから会社まで車で40分ぐらいですが、ラッシュのときは、2時間半ぐらいかかってしまいます。ほんとうに時間がむだです。

③ わたしは日本のように*、タイにも地下鉄を早く作ってほしい*と思います。地下鉄ができれば、今よりずっと便利になるでしょう。

作文のポイント

例 （交通）
- A. タイには、地下鉄がないので、わたしはバスで会社へ行っています。ラッシュのときは、2時間半ぐらいかかってしまいます。
- B. わたしは日本のように、タイにも地下鉄を作ってほしいです。地下鉄ができれば、今よりずっと便利になるでしょう。
- C. わたしは日本でよく地下鉄に乗ります。地下鉄は行きたい所へ速く行けるので、とても便利です。わたしは日本の地下鉄は非常にいいと思います。

↓

① C. わたしは日本でよく地下鉄に乗ります。
② A. タイには、地下鉄がないので、わたしはバスで会社へ行っています。ラッシュのときは、2時間半ぐらいかかってしまいます。
③ B. わたしは日本のように、タイにも地下鉄を作ってほしいです。地下鉄ができれば、今よりずっと便利になるでしょう。

答え ［ C ］→［ A ］→［ B ］

問題 次のA～Cを正しく並べ替えて*ください。

1）（デパートの店員*）
- A. わたしの国では、店員にいろいろ聞いても、あまり教えてくれません。ほかの店員とよくおしゃべりしています。
- B. わたしは日本のように、もっとお客さんを大切にして、いいサービスをしてほしいです。
- C. 先日、日本のデパートへ買い物に行きました。店員がとても親切に品物について説明してくれました。それに店員のことばもとても丁寧でした。わたしは日本の店員は非常に親切だと思います。

答え ［　］→［　］→［　］

2）（水）
A．わたしの国でも、水道の水が飲めるようになったらいいと思います。
B．わたしの国では、日本のように、水道の水を直接飲むと、おなかが痛くなるので、いつも水をスーパーで買っていました。
C．日本では、水道の水がきれいなので、いつも沸かさないで、直接飲んでいます。わたしは日本の水道の水は非常に安全だと思います。

答え ［　　］→［　　］→［　　］

3）（コンビニエンスストア*）
A．夜遅くても、買い物ができるのはとても便利なので、わたしの国にもコンビニエンスストアがあったらいいと思います。
B．日本には、24時間営業しているコンビニエンスストアがあります。お弁当や雑誌などいろいろな物を売っています。わたしは日本のコンビニエンスストアは非常に便利だと思います。
C．わたしの国には、そんな店はありません。夜になると、スーパーなどはみんな閉まります。

答え ［　　］→［　　］→［　　］

> みんなで話しましょう

質問
1) 日本のいい点*はどんな点ですか。
2) あなたの国ではどうですか。

作文メモ

日本で経験したこと/できごとの中で、いいと思うことを書いてください。

わたしは日本の＿＿＿＿＿＿＿＿は非常に＿＿＿＿＿と思います。

↓

あなたの国ではどうですか。

↓

あなたの意見を書いてください。

 **書きましょう**

国との比較：＿＿＿＿＿＿＿＿＿＿＿＿＿

名前＿＿＿＿＿＿＿＿＿＿

①

②

③

ユニット18 携帯電話 必要？ 不必要*？

フローチャート

① （事実）
最近～が増えています。
↓
わたしはそれはいいこと/よくないことだと思います。

↓

② なぜなら、～からです。
↓
（いい/よくないと思う理由を詳しく説明）

↓

③ （意見）
ですから、～は必要/不必要だと思います。

モデル文1

① 　日本では最近、携帯電話を利用する人が増えています。わたしはそれはいいことだと思います。

② 　なぜなら*、携帯電話はいつでもどこでも使えて、大変便利だからです。
　例えば*約束の時間に間に合わないとき、電車の中から携帯電話で連絡できます。そして相手も持っていれば、どこにいても連絡を取り合う*ことができます。わたしは営業の仕事で事務所にいないことが多いので、携帯電話はとても便利です。
　また*事故や地震などで普通の電話が使えないときも、携帯電話なら、様子を伝えることができます。1995年の阪神大震災*のとき、携帯電話はとても役に立ちました。

③ 　ですから、わたしは携帯電話は必要だと思います。

モデル文2

① 日本では最近、携帯電話を利用する人が増えています。わたしはそれはよくないことだと思います。

② なぜなら、携帯電話でいろいろな問題が起きているからです。
例えば友達と映画を見たり、レストランで食事をしたりして楽しんでいるとき、急に電話のベルが鳴って*、邪魔されます*。電車の中でも、電話で話している人の声が大きくて、ほんとうにうるさいです。
また電話をかけながら車を運転する人もいるので、交通事故が増えています。中には事故で死んだ人もいるそうです。
わたしは携帯電話がなくても、うちには電話やファクスもあるし、外には公衆電話*もあるので、全然困りません。

③ ですから、わたしは携帯電話は不必要だと思います。

> みんなで話しましょう

質問

1) あなたは必要だと思いますか。不必要だと思いますか。

2) それはどうしてですか。

お酒の自動販売機

クレジットカード*

結婚式

塾

 作文メモ

最近＿＿＿＿＿＿＿＿が増えています。

わたしはそれは＿＿＿＿＿＿＿＿＿＿＿＿＿＿と思います。

↓

なぜなら、＿＿＿＿＿＿＿＿＿＿＿＿＿＿＿＿からです。

↓

ですから、＿＿＿＿＿＿＿＿＿＿＿＿＿＿＿
＿＿＿＿＿＿＿＿＿＿＿＿＿＿＿＿と思います。

# 書きましょう

_____　：必要？　不必要？
　　　　　　　　　名前

①

②

③

ユニット18……111

ユニット19 わたしの周りの最近のニュース

フローチャート

① （ニュースの前文：いつ・だれが・何をしたか）

↓

② （ニュースについての詳しい内容）

↓

③ （そのニュースに関係する人のコメント）
〜は〜と言っていました。

モデル文

① ことしの4月、近所に住んでいる72歳の山本さんがA大学に入学しました。

② 山本さんは以前*から歴史に興味があって、毎日うちの近くの図書館で歴史の本を読んでいました。しかし、大学でもっと詳しく勉強したいと思って、A大学の入学試験を受けたそうです。去年も受けましたが、不合格*だったので、ことしは2回目のチャレンジでした。
A大学には、できるだけ大勢の人に大学で勉強するチャンスを与える*ために、社会人*の特別な入学試験がありますが、72歳の学生が入学したのは初めてだそうです。

③ 山本さんのご家族は山本さんの健康を心配しています。しかし、山本さんは、若い人たち*と勉強するのは楽しいので、4年間一生懸命頑張ると言っていました。

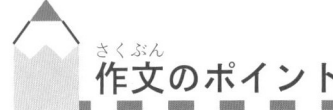
作文のポイント

会話を例のように*、書き換えて*ください。

例 (A：わたし　B：近所に住んでいる72歳の山本さん)

A：山本さん、大学ご入学おめでとうございます。
B：どうもありがとうございます。
A：入学式はいつでしたか。
B：4月8日でした。
A：そうですか。これから大学生活が始まりますね。
B：ええ、若い人たちと勉強できるのは楽しいので、4年間一生懸命頑張ります。

→ <u>4月に</u> <u>近所に住んでいる72歳の山本さんが</u>、<u>大学に入学しました</u>。
　（いつ）　　　　　（だれが）　　　　　　　　（何をしたか）
山本さんは、4年間一生懸命頑張ると言っていました。

問題

1) (A：わたし　B：同じ会社の佐藤さん)

A：うれしそうですね。何かいいことがあったんですか。
B：ええ、実はきのう、娘が婚約したんです。
A：そうですか。それはおめでとうございます。結婚式はいつですか。
B：来年の秋ごろの予定です。

→ _____

_____

_____ と言っていました。

2) (A:わたし　B:近所の松田さん)

　A:最近忙しそうですね。
　B:実はわたし、先月、会社をやめて、新しい仕事を始めたんです。
　A:えっ、ほんとうですか。
　B:自分でコンピューターの会社を作ったんですよ。
　A:それはすごいですね。
　B:大変だけど、自分がやりたいことができるので、おもしろいです。

　→ _____
　　_____
　　_____と言っていました。

3) (A:わたし　B:友達のマリーさん)

　A:マリーさん、先週、引っ越ししたそうですね。
　B:ええ。大阪城公園の近くでいいアパートが見つかったんです。
　A:へえ、大阪城公園の近くですか。
　B:大学までちょっと遠くなりましたが、緑が多くて、静かで、とてもいい所です。

　→ _____
　　_____
　　_____と言っていました。

みんなで話しましょう

質問

あなたの周りで最近どんなニュースがありましたか。

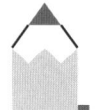
作文メモ

あなたの周りの最近のニュースを簡単に書いてください。
例）同じ会社で働いているタンさんが、先日、スピーチコンテストで優勝しました。

そのニュースについて詳しく書いてください。
例）そのコンテストは日本語のスピーチコンテストで、世界のいろいろな国から来た人たちが参加していました。タンさんはコンテストに出るために、3か月間毎日仕事が終わってから、一生懸命練習していました。

その人が言っていたことを書いてください。
例）タンさんは、日本語の先生や会社の皆さんが協力してくださったので、優勝できたと言っていました。

_____は_____と言っていました。

書きましょう

わたしの周りの最近のニュース

名前 _____

①

②

③

ユニット20 わたしの国の有名な人

フローチャート

① （わたしの国の有名な人）

↓

② （その人についてのエピソードなど具体的に紹介）

↓

③ （その人に対する一般的評価）

モデル文

① 黒沢明*は日本でいちばん有名な映画監督*です。

② 黒沢監督が作った映画には、有名なものがたくさんありますが、特に知られているのは「七人の侍」*です。古いですが、若い人が見ても、楽しめる映画です。
　監督はとても厳しくて、熱心な人だと言われていました。雨のシーン*の撮影*をするときは、雨が降らなければ、ずっと待ったそうです。それから、撮影の邪魔になるので、ほかの人の家の木を切らせたという話*もあります。

③ 黒沢監督は1998年9月に亡くなりましたが、監督の映画は世界中の人に愛されています*。

作文のポイント

会話を例のように*、書き換えて*ください。

例 A：黒沢監督が亡くなったそうですね。

B：ええ、ほんとうに残念ですね。

A：監督はとても厳しい人で、いい映画を作るためには何でもしたそうですね。雨が降らなければ、ずっと待ったり、ほかの人の家の木を切らせたり……。

B：ええ、わたしも聞いたことがあります。

→ 監督は厳しい人で、いい映画を作るために、ほかの人の家の木を切らせたという話があります。
　　　　　　　　　　　　　　　　　　　　　　　普通形

問題

1) 友　達：知っていますか。チャーさん、結婚するそうですよ。

わたし：えっ、ほんとうですか。

友　達：ええ、来月だそうです。

わたし：いいですね。

→友達から、＿＿＿＿＿＿＿＿＿＿＿＿＿＿＿＿＿＿＿＿＿

＿＿＿＿＿＿＿＿＿＿＿＿＿＿＿＿＿＿という話を聞きました。

2）わたし：あの月を見て。
　　友　達：きれいね。
　　わたし：月にはきれいな女の人が住んでいるんですよ。
　　友　達：えっ、ほんとう？
　　わたし：ええ、本で読んだんです。
　　→わたしは、＿＿＿＿＿＿＿＿＿＿＿＿＿＿＿＿＿＿＿＿＿＿
　　　＿＿＿＿＿＿＿＿＿＿＿＿という話を本で読んだことがあります。

3）友　達：ガガーリン＊が宇宙から戻ったとき、「地球は青かった」と言ったのを覚えていますか。
　　わたし：ええ、その話は有名ですね。
　　→ガガーリンが、＿＿＿＿＿＿＿＿＿＿＿＿＿＿＿＿＿＿＿＿
　　　＿＿＿＿＿＿＿＿＿＿＿＿＿＿＿という話は有名です。

みんなで話しましょう

質問

あなたの国で有名な人はだれですか。

作文メモ

あなたの国の有名な人はだれですか。
例) わたしの国で今、有名な人は、向井千秋*さんです。

↓

その人はどんな人ですか。どんなことをしましたか。
例) 向井さんは日本で初めての女性宇宙飛行士*で、1994年と1998年に、宇宙飛行*に成功しました。98年には、宇宙について知るために、ほかの宇宙飛行士といろいろな実験をしました。地球に戻った向井さんが、「宇宙はわたしの仕事場*だ」と言ったという話は有名です。

↓

今、その人はどんな評価を受けています*か。
例) いつも明るくて、夢をあきらめない向井さんは、わたしたちに一生懸命頑張れば、夢は実現*できることを教えてくれました。

 **書きましょう**

わたしの国の有名な人

名前 _____

①

②

③

著者

門脇 薫（かどわき かおる）
大阪外国語大学（現 大阪大学）大学院・同徳女子大学大学院課程修了、
文学博士。
財団法人海外技術者研修協会、在韓国日本大使館、山口大学勤務を経て、
現在摂南大学准教授。

西馬 薫（にしうま かおる）
大阪外国語大学（現 大阪大学）大学院修士課程修了。
神戸YMCA学院専門学校日本語学科専任講師。

本文イラストレーター

向井直子（むかい なおこ）

表紙イラストレーター

さとう恭子（さとう きょうこ）

みんなの日本語初級　やさしい作文

1999年11月12日　初版第１刷発行
2012年 8月17日　第 13 刷 発 行

著　者　　門脇薫・西馬薫
発行者　　小林卓爾
発　行　　株式会社スリーエーネットワーク
　　　　　〒102-0083　東京都千代田区麹町3丁目4番
　　　　　　　　　　　トラスティ麹町ビル2F
　　　　　電話　営業　03（5275）2722
　　　　　　　　編集　03（5275）2725
　　　　　http://www.3anet.co.jp/
印　刷　　倉敷印刷株式会社

ISBN978-4-88319-142-0 C0081
落丁・乱丁本はお取り替えいたします。
本書の全部または一部を無断で複写複製(コピー)することは著作権
法上での例外を除き、禁じられています。

みんなの日本語シリーズ

みんなの日本語初級 I

本冊	2,625 円	漢字 韓国語版	1,890 円
本冊 ローマ字版	2,625 円	漢字 ポルトガル語版	1,890 円
翻訳・文法解説ローマ字版（英語）	2,100 円	漢字練習帳	945 円
翻訳・文法解説英語版	2,100 円	漢字カードブック	630 円
翻訳・文法解説中国語版	2,100 円	初級で読めるトピック 25	1,470 円
翻訳・文法解説韓国語版	2,100 円	書いて覚える文型練習帳	1,365 円
翻訳・文法解説フランス語版	2,100 円	聴解タスク 25	2,100 円
翻訳・文法解説スペイン語版	2,100 円	教え方の手引き	2,940 円
翻訳・文法解説タイ語版	2,100 円	練習 C・会話イラストシート	2,100 円
翻訳・文法解説ポルトガル語版	2,100 円	導入・練習イラスト集	2,310 円
翻訳・文法解説インドネシア語版	2,100 円	CD	5,250 円
翻訳・文法解説ロシア語版〔第 2 版〕	2,100 円	携帯用絵教材	6,300 円
翻訳・文法解説ドイツ語版	2,100 円	B4 サイズ絵教材	37,800 円
翻訳・文法解説ベトナム語版	2,100 円	会話 DVD NTSC	8,400 円
標準問題集	945 円	会話 DVD PAL	8,400 円
漢字 英語版	1,890 円		

みんなの日本語初級 II

本冊	2,625 円	漢字 英語版	1,890 円
翻訳・文法解説英語版	2,100 円	漢字練習帳	1,260 円
翻訳・文法解説中国語版	2,100 円	初級で読めるトピック 25	1,470 円
翻訳・文法解説韓国語版	2,100 円	書いて覚える文型練習帳	1,365 円
翻訳・文法解説フランス語版	2,100 円	聴解タスク 25	2,520 円
翻訳・文法解説スペイン語版	2,100 円	教え方の手引き	2,940 円
翻訳・文法解説タイ語版	2,100 円	練習 C・会話イラストシート	2,100 円
翻訳・文法解説ポルトガル語版	2,100 円	導入・練習イラスト集	2,520 円
翻訳・文法解説インドネシア語版	2,100 円	CD	5,250 円
翻訳・文法解説ロシア語版〔第 2 版〕	2,100 円	携帯用絵教材	6,825 円
翻訳・文法解説ドイツ語版	2,100 円	B4 サイズ絵教材	39,900 円
翻訳・文法解説ベトナム語版	2,100 円	会話 DVD NTSC	8,400 円
標準問題集	945 円	会話 DVD PAL	8,400 円

みんなの日本語初級 やさしい作文	1,260 円

みんなの日本語中級 I

本冊	2,940 円	翻訳・文法解説スペイン語版	1,680 円
翻訳・文法解説英語版	1,680 円	翻訳・文法解説ポルトガル語版	1,680 円
翻訳・文法解説中国語版	1,680 円	翻訳・文法解説フランス語版	1,680 円
翻訳・文法解説韓国語版	1,680 円	標準問題集	945 円
翻訳・文法解説ドイツ語版	1,680 円	教え方の手引き	2,625 円

みんなの日本語中級 II

本冊	2,940 円

価格は税込みです

スリーエーネットワーク

ホームページで新刊や日本語セミナーをご案内しています
http://www.3anet.co.jp/